LE COMTE
DE
MONTE-CHRISTO

PAR

ALEXANDRE DUMAS.

4

PARIS.
PÉTION, LIBRAIRE-ÉDITEUR
DES ŒUVRES COMPLÈTES D'EUGÈNE SUE,
11, RUE DU JARDINET.
—
1845

LE COMTE

DE

MONTE-CHRISTO.

PARIS. IMPRIMÉ PAR BÉTHUNE ET PLON,
RUE DE VAUGIRARD, 36.

LE COMTE

DE

MONTE-CHRISTO.

PAR

ALEXANDRE DUMAS.

IV.

PARIS.

PETION, LIBRAIRE-ÉDITEUR
DES ŒUVRES COMPLÈTES D'EUGÈNE SUE,
11, RUE DU JARDINET.

1845.

LE COMTE
DE
MONTE-CHRISTO.

CHAPITRE PREMIER.

LE RÉCIT.

— Avant tout, dit Caderousse, je dois, monsieur, vous prier de me promettre une chose.

— Laquelle? demanda l'abbé.

— C'est que jamais, si vous faites un

usage quelconque des détails que je vais vous donner, on ne saura que ces détails viennent de moi, car ceux dont je vais vous parler sont riches et puissants, et s'ils me touchaient seulement du bout du doigt ils me briseraient comme verre.

— Soyez tranquille, mon ami, dit l'abbé, je suis prêtre, et les confessions meurent dans mon sein; rappelez-vous que nous n'avons d'autre but que d'accomplir dignement les dernières volontés de notre ami; parlez donc sans ménagement, comme sans haine; dites la vérité, toute la vérité : je ne connais pas et ne connaîtrai probablement jamais les personnes dont vous allez me parler; d'ailleurs je suis Italien et non pas Français; j'appartiens à Dieu et non pas aux hommes, et je vais rentrer dans mon couvent, dont je ne suis sorti que pour remplir les dernières volontés d'un mourant.

Cette promesse positive parut donner à Caderousse un peu d'assurance.

— Eh bien ! en ce cas, dit Caderousse, je veux, je dirai même plus, je dois vous détromper sur ces amitiés que le pauvre Édemond croyait sincères et dévouées.

— Commençons par son père, s'il vous plaît, dit l'abbé, Édemond m'a beaucoup parlé de ce vieillard, pour lequel il avait un profond amour.

— L'histoire est triste, monsieur, dit Caderousse en hochant la tête; vous en connaissez probablement les commencements.

— Oui, répondit l'abbé, Édemond m'a raconté les choses jusqu'au moment où il a été arrêté dans un petit cabaret près de Marseille.

— A la Réserve! ô mon Dieu, oui! je vois encore la chose comme si j'y étais.

— N'était-ce pas au repas même de ses fiançailles?

— Oui, et le repas qui avait eu un gai commencement eut une triste fin : un commissaire de police suivi de quatre fusiliers entra, et Dantès fut arrêté.

— Voilà où s'arrête ce que je sais, monsieur, dit le prêtre, Dantès lui-même ne savait rien autre que ce qui lui était absolument personnel, car il n'a jamais revu aucune des cinq personnes que je vous ai nommées, ni entendu parler d'elles.

— Eh bien ! Dantès une fois arrêté, M. Morrel courut pour prendre des informations : elles furent bien tristes. Le vieillard retourna seul dans sa maison, ploya son habit de noces en pleurant, passa toute la journée à aller et venir dans sa chambre, et le soir ne se coucha point, car je demeurais au-dessous de lui, et je l'entendis marcher toute la nuit; moi-même, je dois le dire, je ne dormis pas non plus, car la douleur de ce pauvre père me faisait grand mal, et chacun de ses pas me broyait le cœur, comme s'il eût réellement posé son pied sur ma poitrine.

Le lendemain, Mercédès vint à Marseille pour implorer la protection de M. de Villefort : elle n'obtint rien; mais du même coup, elle alla rendre visite au vieillard. Quand elle le vit si morne et si abattu, qu'il avait passé la nuit sans se mettre au lit, et qu'il n'avait pas mangé depuis la veille, elle voulut l'emmener avec elle pour en prendre soin, mais le vieillard ne voulut jamais y consentir.

— Non, disait-il, je ne quitterai pas la maison, car c'est moi que mon pauvre enfant aime avant toutes choses, et, s'il sort de prison, c'est moi qu'il accourra voir d'abord.

Que dirait-il si je n'étais point là à l'attendre ?

J'écoutais tout cela du carré, car j'aurais voulu que Mercédès déterminât le vieillard à la suivre; ce pas, retentissant nuit et jour sur ma tête, ne me laissait pas un instant de repos.

— Mais ne montiez-vous pas vous-même près du vieillard pour le consoler? demanda le prêtre.

— Ah, monsieur! répondit Caderousse, on ne console que ceux qui veulent être consolés, et lui ne voulait pas l'être: d'ailleurs, je ne sais pourquoi; mais il me semblait qu'il avait de la répugnance à me voir. Une nuit cependant que j'entendais ses sanglots, je n'y pus résister et je montai; mais quand j'arrivai à la porte, il ne sanglotait plus, il priait. Ce qu'il trouvait d'éloquentes paroles et de pitoyables supplications, je ne saurais vous le redire, monsieur : c'était plus que de la piété, c'était plus que de la douleur; aussi, moi qui ne suis pas cagot et qui n'aime pas les jésuites, je me dis ce jour-là : C'est bien heureux, en vérité, que je sois seul, et que le bon Dieu ne m'ait pas envoyé d'enfants, car si j'étais père et que je ressentisse une douleur semblable à celle du pauvre vieillard, ne pouvant trouver dans ma mémoire ni dans mon cœur tout ce qu'il dit au bon Dieu, j'irais tout droit me précipiter dans la mer, pour ne pas souffrir plus long-temps.

— Pauvre père ! murmura le prêtre.

— De jour en jour il vivait plus seul et plus isolé ; souvent M. Morrel et Mercédès venaient pour le voir, mais sa porte était fermée; et quoique je fusse bien sûr qu'il était chez lui, il ne répondait pas. Un jour que, contre son habitude, il avait reçu Mercédès, et que la pauvre enfant, au désespoir elle-même, tentait de le réconforter :

— Crois-moi, ma fille, lui dit-il, il est mort; et, au lieu que nous l'attendions, c'est lui qui nous attend : je suis bien heureux, car c'est moi qui suis le plus vieux et qui, par conséquent, le reverrai le premier.

Si bon que l'on soit, voyez-vous, on cesse bientôt de voir les gens qui vous attristent; le vieux Dantès finit par demeurer tout à fait seul : je ne voyais plus monter de temps en temps chez lui que des gens inconnus, qui descendaient avec quelque paquet mal dissimulé ; j'ai compris depuis ce que c'était que ces paquets, il vendait peu à peu ce qu'il avait pour vivre.

Enfin, le bonhomme arriva au bout de ses pauvres hardes ; il devait trois termes : on menaça de le renvoyer ; il demanda huit jours encore, on les lui accorda. Je sus ce détail parce que le propriétaire entra chez moi en sortant de chez lui.

Pendant les trois premiers jours, je l'entendis marcher comme d'habitude; mais le quatrième, je n'entendis plus rien. Je me hasardai à monter : la porte était fermée ; mais à travers la serrure je l'aperçus si pâle et si défait, que le jugeant bien malade, je fis prévenir M. Morrel et courus chez Mercédès. Tous deux s'empressèrent de venir. M. Morrel amenait un médecin ; le médecin reconnut une gastro-entérite, et ordonna la diète. J'étais là, monsieur, et je n'oublierai jamais le sourire du vieillard à cette ordonnance.

Dès lors il ouvrit sa porte : il avait une excuse pour ne plus manger, le médecin avait ordonné la diète.

L'abbé poussa une espèce de gémissement.

— Cette histoire vous intéresse, n'est-ce pas, monsieur? dit Caderousse.

— Oui, répondit l'abbé; elle est attendrissante.

— Mercédès revint; elle le trouva si changé, que, comme la première fois, elle voulut le faire transporter chez elle. C'était aussi l'avis de M. Morrel, qui voulait opérer le transport de force; mais le vieillard cria tant, qu'ils eurent peur. Mercédès resta au chevet de son lit. M. Morrel s'éloigna en faisant signe à la Catalane qu'il laissait une bourse sur la cheminée. Mais, armé de l'ordonnance du médecin, le vieillard ne voulut rien prendre.. Enfin, après neuf jours de désespoir et d'abstinence, le vieillard expira en maudissant ceux qui avaient causé son malheur, et en disant à Mercédès :

—Si vous revoyez mon Édemond, dites-lui que je meurs en le bénissant.

L'abbé se leva, fit deux tours dans la chambre en portant une main frémissante à sa gorge aride.

— Et vous croyez qu'il est mort...

—De faim.... monsieur, de faim, dit Caderousse ; j'en réponds, aussi vrai que nous sommes ici deux chrétiens.

L'abbé, d'une main convulsive, saisit le verre d'eau encore à moitié plein, le vida d'un trait et se rassit les yeux rougis et les joues pâles.

—Avouez que voilà un grand malheur! dit-il d'une voix rauque.

— D'autant plus grand, monsieur, que Dieu n'y est pour rien, et que les hommes seuls en sont cause.

— Passons donc à ces hommes, dit l'abbé; mais, songez-y, continua-t-il d'un air presque menaçant, vous vous êtes engagé à me tout dire : voyons ! quels sont ces hommes qui ont fait mourir le fils de désespoir, et le père de faim ?

— Deux hommes jaloux de lui, monsieur, l'un par amour, l'autre par ambition, Fernand et Danglars.

— Et de quelle façon se manifesta cette jalousie, dites ?

— Ils dénoncèrent Édemond comme agent bonapartiste.

— Mais lequel des deux le dénonça, lequel des deux fut le vrai coupable?

— Tous deux, monsieur; l'un écrivit la lettre, l'autre la mit à la poste.

— Et où cette lettre fut-elle écrite?

— A la Réserve même, la veille du mariage.

— C'est bien cela, c'est bien cela, murmura l'abbé; ô Faria! Faria! comme tu connaissais les hommes et les choses!

— Vous dites, monsieur? demanda Caderousse.

— Rien, reprit le prêtre; continuez.

— Ce fut Danglars qui écrivit la dénonciation de la main gauche pour que son écriture ne fût pas reconnue, et Fernand qui l'envoya.

— Mais, s'écria tout à coup l'abbé, vous étiez là, vous!

—Moi! dit Caderousse étonné, qui vous a dit que j'y étais?

L'abbé vit qu'il s'était lancé trop avant.

— Personne, dit-il; mais pour être si bien au fait de tous ces détails, il faut que vous en ayez été le témoin?

— C'est vrai, dit Caderousse d'une voix étouffée, j'y étais.

— Et vous ne vous êtes pas opposé à cette infamie ? dit l'abbé : alors vous êtes leur complice.

— Monsieur, dit Caderousse, ils m'avaient fait boire tous deux au point que j'en avais à peu près perdu la raison. Je ne voyais plus qu'à travers un nuage. Je dis tout ce que peut dire un homme dans cet état; mais ils me répondirent tous deux que c'était une plaisanterie qu'ils avaient voulu faire, et que cette plaisanterie n'aurait pas de suite.

— Le lendemain, monsieur, le lendemain, vous vîtes bien qu'elle en avait; cependant vous ne dites rien, vous étiez là cependant lorsqu'il fut arrêté.

— Oui, monsieur, j'étais là, et je voulus parler, je voulus tout dire, mais Danglars me retint.

— « Et s'il est coupable par hasard, me dit-il, s'il a véritablement relâché à l'île d'Elbe, s'il est véritablement chargé d'une lettre pour le comité bonapartiste de Paris, si on trouve cette lettre sur lui, ceux qui l'auront soutenu passeront pour ses complices. »

— J'eus peur de la politique telle qu'elle se faisait alors. Je l'avoue, je me tus, ce fut une lâcheté, j'en conviens, mais ce ne fut pas un crime.

— Je comprends; vous laissâtes faire, voilà tout.

— Oui, monsieur, répondit Caderousse, et c'est mon remords de la nuit et du jour. J'en demande bien souvent pardon à Dieu, je vous le jure, d'autant plus que cette action, la seule que j'aie sérieusement à me reprocher dans tout le cours de ma vie, est sans doute la cause de mes adversités. J'expie un instant d'égoïsme; aussi c'est ce que je dis toujours à la Carconte lorsqu'elle se plaint :

— « Tais-toi, femme, c'est Dieu qui le veut ainsi. »

Et Caderousse baissa la tête avec tous les signes d'un vrai repentir.

— Bien, monsieur, dit l'abbé, vous avez parlé avec franchise; s'accuser ainsi c'est mériter son pardon.

— Malheureusement, dit Caderousse, Édemond est mort et ne m'a pas pardonné, lui.

— Il ignorait, dit l'abbé.....

— Mais il sait maintenant, peut-être, reprit Caderousse; on dit que les morts savent tout.

Il se fit un instant de silence : l'abbé s'était levé et se promenait pensif; il revint à sa place et se rassit.

— Vous m'avez nommé déjà deux ou trois fois un certain M. Morrel, dit-il. Qu'était-ce que cet homme?

— C'était l'armateur du *Pharaon*, le patron de Dantès.

— Et quel rôle a joué cet homme dans toute cette triste affaire? demanda l'abbé.

— Le rôle d'un homme honnête, courageux et affectionné, monsieur. Vingt fois il intercéda pour Édemond; quand l'Empereur rentra, il écrivit, pria, menaça, si bien qu'à la seconde restauration il fut fort persécuté comme bonapartiste. Dix fois, comme je vous l'ai dit, il était venu chez le père Dantès pour le retirer chez lui, et la veille ou la surveille de sa mort, je vous l'ai dit encore, il avait laissé sur la cheminée une bourse avec laquelle on paya les dettes du bonhomme et l'on subvint à son enterrement; de sorte que le pauvre vieillard put du moins mourir comme il avait vécu, sans faire de tort à personne. C'est encore moi qui ai la bourse, une grande bourse en filet rouge.

— Et, demanda l'abbé, ce M. Morrel vit-il encore ?

— Oui, dit Caderousse.

— En ce cas, reprit l'abbé, ce doit être un homme béni de Dieu, il doit être riche... heureux ?...

Caderousse sourit amèrement.

— Oui, heureux comme moi, dit-il.

— M. Morrel serait malheureux ! s'écria l'abbé.

— Il touche à la misère, monsieur, et bien plus, il touche au déshonneur.

— Comment cela ?

— Oui, reprit Caderousse, c'est comme cela ; après vingt-cinq ans de travail, après avoir acquis la plus honorable place dans le commerce de Marseille, M. Morrel est ruiné de fond en comble. Il a perdu cinq vaisseaux en deux ans, a essuyé trois banqueroutes effroyables, et n'a plus d'espérance maintenant que dans ce même *Pharaon* que commandait le pauvre Dantès, et qui doit revenir des Indes avec un chargement de cochenille et d'indigo. Si ce navire-là manque comme les autres, il est perdu.

— Et, dit l'abbé, a-t-il une femme, des enfants, le malheureux?

— Oui; il a une femme qui, dans tout cela, se conduit comme une sainte; il a une fille qui allait épouser un homme qu'elle aimait, et à qui sa famille ne veut plus laisser épouser une fille ruinée; il a un fils enfin, lieutenant dans l'armée; mais, vous le comprenez bien, tout cela double sa douleur au lieu de l'adoucir, à ce pauvre cher homme. S'il était seul, il se brûlerait la cervelle et tout serait dit.

— C'est affreux! murmura le prêtre.

— Voilà comme Dieu récompense la vertu, monsieur, dit Caderousse. Tenez, moi qui n'ai jamais fait une mauvaise action à part ce que je vous ai raconté, moi, je suis dans la misère ; moi, après avoir vu mourir ma pauvre femme de la fièvre, sans pouvoir rien faire pour elle, je mourrai de faim comme est mort le père Dantès, tandis que Fernand et Danglars roulent sur l'or.

— Et comment cela ?

— Parce que tout leur a tourné à bien, tandis qu'aux honnêtes gens tout tourne à mal.

— Qu'est devenu Danglars ? le plus coupable, n'est-ce pas l'instigateur ?

— Ce qu'il est devenu ? il a quitté Marseille ; il est entré, sur la recommandation de M. Morrel, qui ignorait son crime, comme commis d'ordre chez un banquier espagnol; à l'époque de la guerre d'Espagne il s'est chargé d'une part dans les fournitures de l'armée française, et a fait fortune; alors, avec ce premier argent il a joué sur les fonds, et a triplé, quadruplé ses capitaux, et, veuf lui-même de la fille de son banquier, il a épousé une veuve, madame de Nargonne, fille de M. de Servieux, chambellan du roi actuel, et qui jouit de la plus grande faveur. Il s'était fait millionnaire, on l'a fait comte; de sorte qu'il est comte Danglars maintenant; qu'il a un hôtel rue du Mont-Blanc, dix chevaux dans ses écuries, six laquais dans son antichambre, et je ne sais combien de millions dans ses caisses.

— Ah! fit l'abbé avec un singulier accent, et il est heureux?

LE COMTE DE MONTE-CHRISTO. 27

— Ah! heureux, qui peut dire cela? Le malheur ou le bonheur, c'est le secret des murailles; les murailles ont des oreilles, mais elles n'ont pas de langue : si l'on est heureux avec une grande fortune, Danglars est heureux.

— Et Fernand?

— Fernand, c'est bien autre chose encore!

— Mais comment a pu faire fortune un pauvre pêcheur catalan, sans ressources, sans éducation? cela me passe, je vous l'avoue.

— Et cela passe tout le monde aussi; il faut qu'il y ait dans sa vie quelque étrange secret que personne ne sait.

— Mais enfin par quels échelons visibles a-t-il monté à cette haute fortune ou à cette haute position ?

— A toutes deux, monsieur, à toutes deux ! lui a fortune et position tout ensemble.

— C'est un conte que vous me faites là !

— Le fait est que la chose en a bien l'air; mais écoutez, et vous allez comprendre.

Fernand, quelques jours avant le retour, était tombé à la conscription. Les Bourbons le laissèrent bien tranquille aux Catalans; mais Napoléon revint, une levée extraordinaire fut décrétée, et Fernand fut forcé de partir. Moi aussi je partis;

mais, comme j'étais plus vieux que Fernand, et que je venais d'épouser ma pauvre femme, je fus envoyé sur les côtes seulement.

Fernand, lui, fut enrégimenté dans les troupes actives, gagna la frontière avec son régiment, et assista à la bataille de Ligny.

La nuit qui suivit la bataille, il était de planton à la porte d'un général qui avait des relations secrètes avec l'ennemi. Cette nuit même le général devait rejoindre les Anglais. Il proposa à Fernand de l'accompagner; Fernand accepta, quitta son poste et suivit le général.

Ce qui eût fait passer Fernand à un conseil de guerre si Napoléon fût resté sur le trône, lui servit de recommandation près des Bourbons. Il rentra en France avec l'épaulette de sous-lieutenant; et comme la protection du général, qui est en haute faveur, ne l'abandonna point, il était capitaine en 1823, lors de la guerre d'Espagne, c'est-à-dire au moment même où Danglars risquait ses premières spéculations. Fernand était Espagnol, il fut envoyé à Madrid pour y étudier l'esprit de ses compatriotes ; il y retrouva Danglars, s'aboucha avec lui, promit à son général un appui parmi les royalistes de la capitale et des provinces, reçut des promesses, prit de son côté des engagements, guida son régiment par des chemins connus de lui seul dans des gorges gardées par les royalistes, et enfin rendit dans cette courte campagne de tels services, qu'après la prise du Trocadero il fut nommé colonel et reçut la croix d'officier de la Légion-d'Honneur avec le titre de baron.

— Destinée! destinée! murmura l'abbé.

— Oui, mais écoutez, ce n'est pas le tout. La guerre d'Espagne finie, la carrière de Fernand se trouvait compromise par la longue paix qui promettait de régner en Europe. La Grèce seule était soulevée contre la Turquie, et venait de commencer la guerre de son indépendance; tous les yeux étaient tournés vers Athènes, c'était la mode de plaindre et de soutenir les Grecs. Le gouvernement français, sans les protéger ouvertement, comme vous savez, tolérait les migrations partielles. Fernand sollicita et obtint la permission d'aller servir en Grèce, en demeurant toujours porté néanmoins sur les contrôles de l'armée.

Quelque temps après, on apprit que le baron de Morcerf, c'était le nom qu'il portait, était entré au service d'Ali-Pacha avec le grade de général instructeur.

Ali-Pacha fut tué, comme vous savez; mais avant de mourir il récompensa les services de Fernand en lui laissant une somme considérable avec laquelle Fernand revint en France, où son grade de lieutenant-général lui fut confirmé.

— De sorte qu'aujourd'hui? demanda l'abbé.

— De sorte qu'aujourd'hui, poursuivit

Caderousse, il possède un hôtel magnifique à Paris, rue du Helder, n° 27.

L'abbé ouvrit la bouche, demeura un instant comme un homme qui hésite; mais faisant un effort sur lui-même :

— Et Mercédès, dit-il, on m'a assuré qu'elle avait disparu ?

— Disparu, dit Caderousse, oui, comme disparaît le soleil pour se lever le lendemain plus éclatant.

— A-t-elle donc fait fortune aussi? demanda l'abbé avec un sourire ironique.

— Mercédès est à cette heure une des plus grandes dames de Paris, répondit Caderousse.

— Continuez, dit l'abbé; il me semble que j'écoute le récit d'un rêve. Mais j'ai vu moi-même des choses si extraordinaires, que celles que vous me dites m'étonnent moins.

— Mercédès fut d'abord désespérée du coup qui lui enlevait Édemond. Je vous ai dit ses instances près de M. de Villefort, et son dévouement pour le père de Dantès. Au milieu de son désespoir une nouvelle douleur vint l'atteindre, ce fut le départ de Fernand, de Fernand dont elle ignorait le crime, et qu'elle regardait comme son frère.

Fernand partit, Mercédès demeura seule.

Trois mois s'écoulèrent pour elle dans

les larmes : pas de nouvelles d'Édemond, pas de nouvelles de Fernand; rien devant les yeux qu'un vieillard qui s'en allait mourant de désespoir.

Un soir, après être restée toute la journée assise, comme c'était son habitude, à l'angle des deux chemins qui se rendent de Marseille aux Catalans, elle rentra chez elle plus abattue qu'elle ne l'avait encore été : ni son amant, ni son ami ne revenaient par l'un ou l'autre de ces deux chemins, et elle n'avait de nouvelles ni de l'un ni de l'autre.

Tout à coup il lui sembla entendre un pas connu; elle se retourna avec anxiété, la porte s'ouvrit, et elle vit apparaître Fernand avec son uniforme de sous-lieutenant.

Ce n'était pas la moitié de ce qu'elle pleurait, mais c'était une portion de sa vie passée qui revenait à elle.

Mercédès saisit les mains de Fernand avec un transport que celui-ci prit pour de l'amour, et qui n'était que la joie de n'être plus seule au monde et de revoir enfin un ami après les longues heures de la tristesse solitaire. Et puis, il faut le dire, Fernand n'avait jamais été haï, il n'était pas aimé, voilà tout; un autre tenait tout le cœur de Mercédès, cet autre était absent... était disparu... était mort peut-être. A cette dernière idée, Mercédès éclatait en sanglots et se tordait les bras de douleur; mais cette idée, qu'elle repoussait autrefois quand elle lui était suggérée par un autre, lui revenait maintenant toute seule à l'esprit; d'ailleurs, de son côté, le vieux Dantès ne cessait de lui dire : « Notre Édemond est mort, car s'il n'était pas mort il nous reviendrait. »

Le vieillard mourut, comme je vous l'ai dit : s'il eût vécu, peut-être Mercédès ne fût-elle jamais devenue la femme d'un autre ; car il eût été là pour lui reprocher son infidélité. Fernand comprit cela. Quand il connut la mort du vieillard, il revint. Cette fois il était lieutenant. Au premier voyage, il n'avait pas dit à Mercédès un mot d'amour ; au second, il lui rappela qu'il l'aimait.

Mercédès lui demanda six mois encore pour attendre et pleurer Édemond.

— Au fait, dit l'abbé avec un sourire

amer, cela faisait dix-huit mois en tout. Que peut demander davantage l'amant le plus adoré?

Puis il murmura les paroles du poète anglais :

Frailty, ty name is woman!

— Six mois après, reprit Caderousse, le mariage eut lieu à l'église des Accoules.

— C'était la même église où elle devait épouser Édemond, murmura le prêtre; il n'y avait que le fiancé de changé, voilà tout.

— Mercédès se maria donc, continua Caderousse; mais, quoique aux yeux de tous elle parût calme, elle ne manqua pas moins de s'évanouir en passant devant la Réserve, où dix-huit mois auparavant avaient été célébrées les fiançailles avec celui qu'elle eût vu qu'elle aimait encore, si elle eût osé regarder au fond de son cœur.

Fernand plus heureux, mais non pas plus tranquille, car je le vis à cette époque et il craignait sans cesse le retour d'Édemond; Fernand s'occupa aussitôt de dépayser sa femme et de s'exiler lui-même : il y avait à la fois trop de dangers et de souvenirs à rester aux Catalans. Huit jours après la noce, ils partirent.

— Et revîtes-vous Mercédès? demanda le prêtre.

— Oui, au moment de la guerre d'Espagne, à Perpignan, où Fernand l'avait laissée; elle faisait alors l'éducation de son fils.

L'abbé tressaillit.

— De son fils? dit-il.

— Oui, répondit Caderousse, du petit Albert.

— Mais pour instruire ce fils, continua Édemond, elle avait donc reçu de l'éducation elle-même? Il me semblait avoir entendu dire à Édemond que c'était la fille d'un simple pêcheur, belle mais inculte.

— Oh! dit Caderousse, connaissait-il donc si mal sa propre fiancée! Mercédès eût pu devenir reine, monsieur, si la couronne se devait poser seulement sur les têtes les plus belles et les plus intelligentes. Sa fortune grandissait déjà, et elle grandissait avec sa fortune. Elle apprenait le dessin, elle apprenait la musique, elle apprenait tout. D'ailleurs, je crois, entre nous, qu'elle ne faisait tout cela que pour se distraire, pour oublier, et qu'elle ne mettait tant de choses dans sa tête que pour combattre ce qu'elle avait dans le cœur. Mais maintenant tout doit être dit, continua Caderousse; la fortune et les honneurs l'ont consolée sans doute. Elle est riche, elle est comtesse, et cependant.....

Caderousse s'arrêta.

— Cependant, quoi? demanda l'abbé.

— Cependant je suis sûr qu'elle n'est pas heureuse, dit Caderousse.

— Et qui vous le fait croire?

— Eh bien, quand je me suis trouvé trop malheureux moi-même, j'ai pensé que mes anciens amis m'aideraient en quelque chose. Je me suis présenté chez Danglars, qui ne m'a pas même reçu. J'ai été chez Fernand, qui m'a fait remettre cent francs par son valet de chambre.

— Alors vous ne les vîtes ni l'un ni l'autre.

— Non; mais madame de Morcerf m'a vu, elle.

— Comment cela?

— Lorsque je suis sorti, une bourse est tombée à mes pieds; elle contenait vingt-cinq louis : j'ai levé vivement la tête et j'ai vu Mercédès, qui refermait la persienne.

— Et M. de Villefort? demanda l'abbé.

— Oh! lui n'avait pas été mon ami; lui, je ne le connaissais pas; lui, je n'avais rien à lui demander.

— Mais ne savez-vous point ce qu'il est devenu, et la part qu'il a prise au malheur d'Édemond?

— Non; je sais seulement que quelque temps après l'avoir fait arrêter il a épousé mademoiselle de Saint-Méran, et bientôt a quitté Marseille. Sans doute que le bonheur lui aura souri comme aux autres, sans doute qu'il est riche comme Danglars, considéré comme Fernand; moi seul, vous le voyez, suis resté pauvre, misérable et oublié de Dieu.

— Vous vous trompez, mon ami, dit l'abbé : Dieu peut paraître oublier parfois quand sa justice se repose ; mais il vient toujours un moment où il se souvient, et en voici la preuve.

A ces mots l'abbé tira le diamant de sa poche, et le présentant à Caderousse :

— Tenez, mon ami, lui dit-il, prenez ce diamant, car il est à vous.

— Comment, à moi seul! s'écria Caderousse, ah! monsieur, ne raillez-vous pas?

— Ce diamant devait être partagé entre

ses amis : Édemond n'avait qu'un seul ami, le partage devient donc inutile. Prenez ce diamant et vendez-le ; il vaut cinquante mille francs, je vous le répète, et cette somme, je l'espère, suffira pour vous tirer de la misère.

— Oh! monsieur, dit Caderousse en avançant timidement une main et en essuyant de l'autre la sueur qui perlait sur son front; oh! monsieur, ne faites pas une plaisanterie du bonheur ou du désespoir d'un homme!

— Je sais ce que c'est que le bonheur et ce que c'est que le désespoir, et je ne jouerai jamais à plaisir avec ces sentiments. Prenez donc, mais en échange.....

Caderousse, qui touchait déjà le diamant, retira sa main.

L'abbé sourit.

— En échange, continua-t-il, donnez-moi cette bourse de soie rouge que M. Morrel avait laissée sur la cheminée du vieux Dantès, et qui, me l'avez-vous dit, est encore entre vos mains.

Caderousse, de plus en plus étonné, alla vers une grande armoire de chêne, l'ouvrit, et donna à l'abbé une bourse longue, de soie rouge flétrie, et autour de laquelle glissaient deux anneaux de cuivre dorés autrefois.

L'abbé la prit, et en sa place donna le diamant à Caderousse.

— Oh! vous êtes un homme de Dieu, monsieur, s'écria Caderousse, car en vérité personne ne savait qu'Édemond vous avait donné ce diamant et vous auriez pu le garder.

— Bien, se dit tout bas l'abbé, tu l'eusses fait, à ce qu'il paraît, toi.

L'abbé se leva, prit son chapeau et ses gants.

— Ah çà, dit-il, tout ce que vous m'avez dit est bien vrai, n'est-ce pas, et je puis y croire en tout point?

— Tenez, monsieur l'abbé, dit Caderousse, voici dans le coin de ce mur un christ de bois bénit; voici sur ce bahut le livre d'évangiles de ma femme : ouvrez ce livre, et je vais vous jurer dessus, la main étendue vers le christ, je vais vous jurer sur le salut de mon âme, sur ma foi de chrétien, que je vous ai dit toutes choses comme elles s'étaient passées, et comme l'ange des hommes le dira à l'oreille de Dieu le jour du jugement dernier !

— C'est bien, dit l'abbé convaincu par cet accent que Caderousse disait la vérité, c'est bien, que cet argent vous profite ! Adieu, je retourne loin des hommes qui se font tant de mal les uns aux autres.

Et l'abbé, se délivrant à grand'peine des enthousiastes élans de Caderousse, leva lui-même la barre de la porte, sortit, remonta à cheval, salua une dernière fois l'aubergiste, qui se confondait en adieux bruyants, et partit suivant la même direction qu'il avait déjà suivie pour venir.

Quand Caderousse se retourna, il vit derrière lui la Carconte plus pâle et plus tremblante que jamais.

— Est-ce bien vrai, ce que j'ai entendu ? dit-elle.

— Quoi, qu'il nous donnait le diamant pour nous tout seuls ? dit Caderousse presque fou de joie.

— Oui.

— Rien de plus vrai, car le voilà.

La femme le regarda un instant, puis d'une voix sourde :

— Et s'il était faux? dit-elle.

Caderousse pâlit et chancela.

— Faux, murmura-t-il, faux,..... et pourquoi cet homme m'aurait-il donné un diamant faux?

— Pour avoir ton secret sans le payer, imbécile!

Caderousse resta un instant étourdi sous le poids de cette supposition.

— Oh! dit-il au bout d'un instant, et en prenant son chapeau, qu'il posa sur le mouchoir rouge noué autour de sa tête, nous allons bien le savoir.

— Et comment cela?

— C'est la foire à Beaucaire ; il y a des bijoutiers de Paris : je vais aller le leur montrer. Toi, garde la maison, femme, dans deux heures je serai de retour.

Et Caderousse s'élança hors de la maison, et prit tout courant la route opposée à celle que venait de prendre l'inconnu.

— Cinquante mille francs ! murmura la Carconte restée seule, c'est de l'argent,... mais ce n'est pas une fortune.

CHAPITRE II.

LES REGISTRES DES PRISONS.

Le lendemain du jour où s'était passée, sur la route de Bellegarde à Beaucaire, la scène que nous venons de raconter, un homme de trente à trente-deux ans, vêtu d'un frac bleu-barbeau, d'un pantalon de nankin et d'un gilet blanc, ayant à la fois la tournure et l'accent britannique, se présenta chez le maire de Marseille.

— Monsieur, lui dit-il, je suis le premier commis de la maison Thomson et French de Rome. Nous sommes depuis dix ans en relations avec la maison Morrel et fils de Marseille. Nous avons une centaine de mille francs à peu près engagés dans ces relations; et nous ne sommes pas sans inquiétudes, attendu que l'on dit que la maison menace ruine : j'arrive donc tout exprès de Rome pour vous demander des renseignements sur cette maison.

— Monsieur, répondit le maire, je sais effectivement que depuis quatre ou cinq ans le malheur semble poursuivre M. Morrel : il a successivement perdu quatre ou cinq bâtiments et essuyé trois ou quatre banqueroutes; mais il ne m'appartient pas, quoique son créancier moi-même pour une dizaine de mille francs, de donner aucun renseignement sur l'état de sa fortune. Demandez-moi comme maire ce que je pense de M. Morrel, et je vous répondrai que c'est un homme probe jusqu'à la rigidité, et qui jusqu'à présent a rempli tous ses engagements avec une parfaite exactitude. Voilà tout ce que je puis vous dire, monsieur : si vous voulez en savoir davantage, adressez-vous à M. de Boville, inspecteur des prisons, rue de Noailles, n° 15; il a, je crois, deux cent mille francs placés dans la maison Morrel, et s'il y a réellement quelque chose à craindre, comme cette somme est plus considérable que la mienne, vous le trouverez probablement sur ce point mieux renseigné que moi.

L'Anglais parut apprécier cette suprême délicatesse, salua, sortit, et s'achemina de ce pas particulier aux fils de la Grande-Bretagne vers la rue indiquée.

M. de Boville était dans son cabinet : en l'apercevant, l'Anglais fit un mouvement de surprise qui semblait indiquer que ce n'était point la première fois qu'il se trouvait devant celui auquel il venait faire une visite. Quant à M. de Boville, il était si désespéré qu'il était évident que toutes les facultés de son esprit, absorbées dans la pensée qui l'occupait en ce moment, ne laissaient ni à sa mémoire ni à son imagination le loisir de s'égarer dans le passé.

L'Anglais, avec le flegme de sa nation, lui posa à peu près dans les mêmes termes la même question qu'il venait de poser au maire de Marseille.

— Oh, monsieur! s'écria M. de Boville, vos craintes sont malheureusement on ne peut plus fondées, et vous voyez un homme désespéré. J'avais deux cent mille francs placés dans la maison Morrel : ces deux cent mille francs étaient la dot de ma fille, que je comptais marier dans quinze jours; ces deux cent mille francs étaient remboursables, cent mille le 15 de ce mois-ci, cent mille le 15 du mois prochain. J'avais donné avis à M. Morrel du désir que j'avais que ce remboursement fût fait exactement, et voilà qu'il est venu ici, monsieur; il y a à peine une demi-heure, pour me dire que si son bâtiment *le Pharaon* n'était pas rentré d'ici au 15 il se trouverait dans l'impossibilité de me faire ce payement.

— Mais, dit l'Anglais, cela ressemble fort à un atermoiement.

— Dites, monsieur, que cela ressemble à une banqueroute! s'écria M. de Boville désespéré.

L'Anglais parut réfléchir un instant; puis il dit:

— Ainsi, monsieur, cette créance vous inspire des craintes?

— C'est-à-dire que je la regarde comme perdue.

— Eh bien! moi, je vous l'achète.

— Vous?

— Oui, moi.

— Mais à un rabais énorme, sans doute?

— Non, moyennant deux cent mille francs; notre maison, ajouta l'Anglais en riant, ne fait pas de ces sortes d'affaires.

— Et vous payez?.....

— Comptant.

Et l'Anglais tira de sa poche une liasse de billets de banque qui pouvait faire le double de la somme que M. de Boville craignait de perdre.

Un éclair de joie passa sur le visage de M. de Boville; mais cependant il fit un effort sur lui-même et dit:

—Monsieur, je dois vous prévenir que, selon toute probabilité, vous n'aurez pas six du cent de cette somme.

— Cela ne me regarde pas, répondit l'Anglais; cela regarde la maison Thomson et French, au nom de laquelle j'agis. Peut-être a-t-elle intérêt à hâter la ruine d'une maison rivale. Mais ce que je sais, monsieur, c'est que je suis prêt à vous compter cette somme contre le transport que vous m'en ferez, seulement je demanderai un droit de courtage.

—Comment, monsieur! c'est trop juste,

s'écria M. de Boville. La commission est ordinairement de un et demi; voulez-vous deux ? voulez-vous trois ? voulez-vous cinq ? voulez-vous plus enfin ? Parlez !

— Monsieur, reprit l'Anglais en riant, je suis comme ma maison, je ne fais pas de ces sortes d'affaires; non, mon droit de courtage est de tout autre nature.

— Parlez donc, monsieur, je vous écoute.

— Vous êtes inspecteur des prisons ?

— Depuis plus de quatorze ans.

— Vous tenez des registres d'entrée et de sortie?

— Sans doute.

— A ces registres doivent être jointes des notes relatives aux prisonniers?

— Chaque prisonnier a son dossier.

— Eh bien, monsieur, j'ai été élevé à Rome par un pauvre diable d'abbé qui a disparu tout à coup. J'ai appris, depuis, qu'il avait été détenu au château d'If, et je voudrais avoir quelques détails sur sa mort.

— Comment le nommiez-vous?

— L'abbé Faria.

— Oh! je me le rappelle parfaitement, s'écria M. de Boville, il était fou.

— On le disait.

— Oh! il l'était bien certainement.

— C'est possible; et quel était son genre de folie?

— Il prétendait avoir la connaissance d'un trésor immense, et offrait des sommes folles au gouvernement si on voulait le mettre en liberté.

— Pauvre diable! et il est mort?

— Oui, monsieur, il y a cinq ou six mois à peu près, en février dernier.

— Vous avez une heureuse mémoire, monsieur, pour vous rappeler ainsi les dates.

— Je me rappelle celle-ci parce que la mort du pauvre diable fut accompagnée d'une circonstance singulière.

— Peut-on connaître cette circonstance? demanda l'Anglais avec une expression de curiosité qu'un profond observateur eût été étonné de trouver sur son flegmatique visage.

— Oh! mon Dieu! oui, monsieur : le cachot de l'abbé était éloigné de quarante-cinq à cinquante pieds à peu près de celui d'un ancien agent bonapartiste, un de ceux qui avaient le plus contribué au retour de l'usurpateur en 1815, homme très-résolu et très-dangereux...

— Vraiment! dit l'Anglais.

— Oui, répondit M. de Boville ; j'ai eu l'occasion moi-même de voir cet homme en 1816 ou 1817, et l'on ne descendait dans son cachot qu'avec un piquet de soldats : cet homme m'a fait une profonde impression, et je n'oublierai jamais son visage.

L'Anglais sourit imperceptiblement.

— Et vous dites donc, monsieur, reprit-il, que les deux cachots.....

— Étaient séparés par une distance de cinquante pieds, mais il paraît que cet Édemond Dantès...

— Cet homme dangereux s'appelait...

— Édemond Dantès. Oui, monsieur, il paraît que cet Édemond Dantès s'était procuré des outils ou en avait fabriqué, car on trouva un couloir à l'aide duquel les prisonniers communiquaient.

— Ce couloir avait sans doute été pratiqué dans un but d'évasion?

— Justement; mais, malheureusement pour les prisonniers, l'abbé Faria fut atteint d'une attaque de catalepsie et mourut.

— Je comprends, cela dut arrêter court les projets d'évasion.

— Pour le mort, oui, répondit M. de Boville, mais pas pour le vivant; au contraire, ce Dantès y vit un moyen de hâter sa fuite; il pensait sans doute que les prisonniers morts au château d'If étaient enterrés dans un cimetière ordinaire; il transporta le défunt dans sa chambre, prit sa place dans le sac où on l'avait cousu et attendit le moment de l'enterrement.

— C'était un moyen hasardeux et qui indiquait quelque courage, reprit l'Anglais.

— Oh! je vous ai dit, monsieur, que c'était un homme fort dangereux; par bonheur qu'il a débarrassé lui-même le gouvernement des craintes qu'il avait à son sujet.

— Comment cela?

— Comment, vous ne comprenez pas?

— Non.

— Le château d'If n'a pas de cimetière; on jette tout simplement les morts à la mer après leur avoir attaché aux pieds un boulet de trente-six.

5.

— Eh bien? fit l'Anglais comme s'il avait la conception difficile.

— Eh bien! on lui attacha un boulet de trente-six aux pieds et on le jeta à la mer.

— En vérité! s'écria l'Anglais.

— Oui, monsieur, continua l'inspecteur. Vous comprenez quel dut être l'étonnement du fugitif lorsqu'il se sentit précipité du haut en bas des rochers. J'aurais voulu voir sa figure en ce moment-là.

— C'eût été difficile.

— N'importe, dit M. de Boville, que la certitude de rentrer dans ses deux cent mille francs mettait de belle humeur, n'importe! je me la représente.

Et il éclata de rire.

— Et moi aussi, dit l'Anglais.

Et il se mit à rire de son côté, mais comme rient les Anglais, c'est-à-dire du bout des dents.

— Ainsi, continua l'Anglais, qui reprit le premier son sang-froid, ainsi le fugitif fut noyé.

— Bel et bien.

— De sorte que le gouverneur du château fut débarrassé à la fois du furieux et du fou?

— Justement.

— Mais une espèce d'acte a dû être dressé de cet événement? demanda l'Anglais.

— Oui, oui, acte mortuaire. Vous comprenez, les parents de Dantès, s'il en a, pouvaient avoir intérêt à s'assurer s'il était mort ou vivant.

— De sorte que maintenant ils peuvent être tranquilles s'ils héritent de lui. Il est mort et bien mort?

— Oh! mon Dieu, oui. Et on leur délivrera attestation quand ils voudront.

— Ainsi soit-il, dit l'Anglais. Mais revenons aux registres.

— C'est vrai. Cette histoire nous en avait éloignés. Pardon.

— Pardon, de quoi? de l'histoire? Pas du tout; elle m'a paru curieuse.

— Elle l'est en effet. Ainsi vous désirez voir, monsieur, tout ce qui est relatif à votre pauvre abbé, qui était bien la douceur même, lui?

— Cela me ferait plaisir.

— Passez dans mon cabinet, et je vais vous montrer cela.

Et tous deux passèrent dans le cabinet de M. de Boville.

Tout y était effectivement dans un ordre parfait : chaque registre était à son numéro, chaque dossier à sa case. L'inspecteur fit asseoir l'Anglais dans son fauteuil, et posa devant lui le registre et le dossier relatif au château d'If, lui donnant tout le loisir de feuilleter, tandis que lui-même, assis dans un coin, lisait son journal.

L'Anglais trouva facilement le dossier relatif à l'abbé Faria; mais il paraît que l'histoire que lui avait racontée M. de Boville l'avait vivement intéressé, car après avoir pris connaissance de ces premières pièces il continua de feuilleter jusqu'à ce qu'il fût arrivé à la liasse d'Édemond Dantès. Là il retrouva chaque chose à sa place, dénonciation, interrogatoire, pétition de Morrel, apostille de M. de Villefort. Il plia tout doucement la dénonciation, la mit dans sa poche, lut l'interrogatoire et vit que le nom de Noirtier n'y était pas prononcé, parcourut la demande en date du 10 avril 1815, dans laquelle Morrel, d'après le conseil du substitut, exagérait dans une excellente intention, puisque Napoléon régnait alors, les services que Dantès avait rendus à la cause impériale, services que le certificat de Villefort rendait incontestables. Alors il comprit tout. Cette demande à Napoléon, gardée par Villefort, était devenue sous la seconde restauration une arme terrible entre les mains du procureur du roi. Il ne s'étonna donc plus en feuilletant le registre de cette note mise en accolade en regard de son nom :

Edemond Dantès ; { Bonapartiste enragé, a pris une part active au retour de l'île d'Elbe. A tenir au plus grand secret et sous la plus stricte surveillance.

Au-dessous de ces lignes était écrit d'une autre écriture :

« Vu la note ci-dessus, *rien à faire.* »

Seulement, en comparant l'écriture de l'accolade avec celle du certificat placé au bas de la demande de Morrel, il acquit la certitude que la note de l'accolade était de la même écriture que le certificat, c'est-à-dire tracée par la main de Villefort.

Quant à la note qui accompagnait la note, l'Anglais comprit qu'elle avait dû être consignée par quelque inspecteur qui avait pris un intérêt passager à la situation de Dantès, mais que le renseignement que nous venons de citer avait mis dans l'impossibilité de donner suite à cet intérêt.

Comme nous l'avons dit, l'inspecteur, par discrétion et pour ne pas gêner l'élève de l'abbé Faria dans ses recherches, s'était éloigné et lisait le *Drapeau blanc*.

Il ne vit donc pas l'Anglais plier et mettre dans sa poche la dénonciation écrite par Danglars sous la tonnelle de la Réserve, et portant le timbre de la poste de Marseille, 27 février, levée de 6 heures du soir.

Mais, il faut le dire, il l'eût vu, qu'il attachait trop peu d'importance à ce papier et trop d'importance à ses deux cent mille francs, pour s'opposer à ce que faisait l'Anglais, si incorrect que cela fût.

—Merci, dit celui-ci en fermant bruyamment le registre. J'ai ce qu'il me faut ; maintenant, c'est à moi de tenir ma promesse : faites-moi un simple transport de votre créance ; reconnaissez dans ce transport en avoir reçu le montant, et je vais vous compter la somme.

Et il céda sa place au bureau à M. de Boville, qui s'y assit sans façon et s'empressa de faire le transport demandé, tandis que l'Anglais comptait les billets de banque sur le rebord du casier.

CHAPITRE III.

LA MAISON MORREL.

Celui qui eût quitté Marseille quelques années auparavant, connaissant l'intérieur de la maison Morrel, et qui y fût rentré à l'époque où nous sommes parvenus, y eût trouvé un grand changement.

Au lieu de cet air de vie, d'aisance et de bonheur qui s'exhale, pour ainsi dire, d'une maison en voie de prospérité, au lieu de ces figures joyeuses se montrant derrière les rideaux des fenêtres, de ces commis affairés traversant les corridors une plume fichée derrière l'oreille, au lieu de cette cour encombrée de ballots, retentissant de cris et de rires des facteurs, il eût trouvé, dès la première vue, je ne sais quoi de triste et de mort. Dans ce corridor désert et dans cette cour vide, des nombreux employés qui autrefois peuplaient les bureaux, deux seuls étaient restés : l'un était un jeune homme de vingt-trois ou vingt-quatre ans, nommé Emmanuel Raymond, lequel était amoureux de la fille de M. Morrel et était resté dans la maison quoi qu'eussent pu faire ses parents pour l'en retirer; l'autre était un vieux garçon de caisse, borgne, nommé Coclès, sobriquet que lui avaient donné les jeunes gens qui peuplaient autrefois cette grande ruche bourdonnante, aujourd'hui presque inhabitée, et qui avait si bien et si complétement remplacé son vrai nom, que, selon toute probabilité, il ne se serait pas même retourné, si on l'eût appelé aujourd'hui de ce nom.

Coclès était resté au service de M. Morrel, et il s'était fait dans la situation du brave homme un singulier changement. Il était à la fois monté au grade de caissier, et descendu au rang de domestique.

Ce n'en était pas moins le même Coclès, bon, patient, dévoué; mais inflexible à l'endroit de l'arithmétique, le seul point sur lequel il eût tenu tête au monde entier, même à M. Morrel, et ne connaissant que sa table de Pythagore, qu'il savait sur le bout du doigt, de quelque façon qu'on la retournât et dans quelque erreur qu'on tentât de le faire tomber.

Au milieu de la tristesse générale qui avait envahi la maison Morrel, Coclès était d'ailleurs le seul qui fût resté impassible. Mais, qu'on ne s'y trompe point, cette impassibilité ne venait pas d'un défaut d'affection, mais au contraire d'une inébranlable conviction. Comme les rats, qui, dit-on, quittent peu à peu un bâtiment condamné d'avance par le destin à périr en mer, de manière que ces hôtes égoïstes l'ont complétement abandonné au moment où il lève l'ancre; de même, nous l'avons dit, toute cette foule de commis et d'employés qui tirait son existence de la maison de l'armateur, avait peu à peu déserté bureau et magasin; or Coclès les avait vus s'éloigner tous sans songer même à se rendre compte de la cause de leur départ; tout, comme nous l'avons dit, se réduisait pour Coclès à une question de chiffres, et depuis vingt ans qu'il était dans la maison Morrel, il avait toujours vu les payements s'opérer à bureaux ouverts avec une telle régularité, qu'il n'admettait pas plus que cette régularité pût s'arrêter et ces payements se suspendre, qu'un meunier qui possède un moulin alimenté par les eaux d'une riche rivière n'admet que cette rivière puisse cesser de couler. En effet, jusque-là rien n'était encore venu porter atteinte à la conviction de Coclès. La dernière fin de mois s'était effectuée avec une ponctualité rigoureuse. Coclès avait relevé une erreur de soixante-dix centimes commise par M. Morrel à son préjudice, et le même jour il avait rapporté les quatorze sous d'excédant à M. Morrel, qui, avec un sourire mélancolique, les avait pris et laissés tomber dans un tiroir à peu près vide, en disant :

— Bien, Coclès, vous êtes la perle des caissiers.

Et Coclès s'était retiré on ne peut plus satisfait, car un éloge de M. Morrel, cette perle des honnêtes gens de Marseille, flattait plus Coclès qu'une gratification de cinquante écus.

Mais depuis cette fin de mois si victorieusement accomplie, M. Morrel avait passé de cruelles heures; pour faire face à cette fin de mois, il avait réuni toutes ses ressources, et lui-même craignant que le bruit de sa détresse ne se répandît dans Marseille, lorsqu'on le verrait recourir à de pareilles extrémités, avait fait un voyage à la foire de Beaucaire pour vendre quelques bijoux appartenant à sa femme et à sa fille, et une partie de son argenterie. Moyennant ce sacrifice, tout s'était encore cette fois passé au plus grand honneur de la maison Morrel. Mais la caisse était demeurée complétement vide. Le crédit, effrayé par le bruit qui courait, s'était retiré avec son égoïsme habituel, et pour faire face aux cent mille francs à rembourser le 15 du présent mois à M. de Boville, et aux autres cent mille francs qui allaient échoir le 15 du mois suivant, M. Morrel n'avait en réalité que l'espérance du retour du *Pharaon*, dont un bâtiment qui avait levé l'ancre en même temps que lui, et qui était arrivé à bon port, avait appris le départ.

Mais déjà ce bâtiment, venant comme le *Pharaon* de Calcutta, était arrivé depuis quinze jours, tandis que du *Pharaon* l'on n'avait aucune nouvelle.

C'est dans cet état de choses que le lendemain du jour où il avait terminé avec M. de Boville l'importante affaire que nous avons dite, l'envoyé de la maison Thomson et French de Rome se présenta chez M. Morrel.

Emmanuel le reçut. Le jeune homme que chaque nouveau visage effrayait, car chaque nouveau visage annonçait un nouveau créancier, qui, dans son inquiétude, venait questionner le chef de la maison, le jeune homme, disons-nous, voulut épargner à son patron l'ennui de cette visite : il questionna le nouveau venu ; mais le nouveau venu déclara qu'il n'avait rien à dire à M. Emmanuel, et que c'était à M. Morrel en personne qu'il voulait parler.

Emmanuel appela en soupirant Coclès. Coclès parut, et le jeune homme lui ordonna de conduire l'étranger à M. Morrel.

Coclès marcha devant, et l'étranger le suivit.

Sur l'escalier on rencontra une belle jeune fille de seize à dix-sept ans qui regarda l'étranger avec inquiétude.

— Coclès ne remarqua point cette expression de visage, qui cependant parut n'avoir point échappé à l'étranger.

— Monsieur Morrel est à son cabinet, n'est-ce pas, mademoiselle Julie? demanda le caissier.

— Oui, du moins je le crois, dit la jeune fille en hésitant; voyez d'abord, Coclès, et si mon père y est, annoncez monsieur.

— M'annoncer serait inutile, mademoiselle, répondit l'Anglais, monsieur Morrel ne connaît pas mon nom. Ce brave homme n'a qu'à dire seulement que je suis le premier commis de MM. Thomson et French de Rome, avec lesquels la maison de monsieur votre père est en relations.

La jeune fille pâlit et continua de descendre, tandis que Coclès et l'étranger continuaient de monter.

Elle entra dans le bureau où se tenait Emmanuel, et Coclès, à l'aide d'une clef dont il était possesseur, et qui annonçait ses grandes entrées près du maître, ouvrit une porte placée dans l'angle du palier du deuxième étage, introduisit l'étranger dans une antichambre, ouvrit une seconde porte qu'il referma derrière lui, et après avoir laissé seul un instant l'envoyé de la maison Thomson et French, reparut en lui faisant signe qu'il pouvait entrer.

L'Anglais entra; il trouva M. Morrel assis devant une table, pâlissant devant les colonnes effrayantes du registre où était inscrit son passif.

En voyant l'étranger, M. Morrel ferma le registre, se leva et avança un siége, puis lorsqu'il eut vu l'étranger s'asseoir, il s'assit lui-même.

— Quatorze années avaient bien changé le digne négociant, qui, âgé de trente-six ans au commencement de cette histoire, était sur le point d'atteindre la cinquantaine : ses cheveux avaient blanchi, son front s'était creusé sous des rides soucieuses; enfin son regard, autrefois si ferme et si arrêté, était devenu vague et irrésolu, et semblait toujours craindre d'être forcé de s'arrêter ou sur une idée ou sur un homme.

L'Anglais le regarda avec un sentiment de curiosité évidemment mêlé d'intérêt.

— Monsieur, dit Morrel, dont cet examen semblait redoubler le malaise, vous avez désiré me parler?

— Oui, monsieur. Vous savez de quelle part je viens, n'est-ce pas?

— De la part de la maison Thomson et French, à ce que m'a dit mon caissier du moins.

— Il vous a dit la vérité, monsieur. La

maison Thomson et French avait dans le courant de ce mois et du mois prochain trois ou quatre cent mille francs à payer en France, et, connaissant votre rigoureuse exactitude, elle a réuni tout le papier qu'elle a pu trouver portant cette signature, et m'a chargé au fur et à mesure que ces papiers écherraient d'en toucher les fonds chez vous et de faire emploi de ces fonds.

Morrel poussa un profond soupir, et passa la main sur son front couvert de sueur.

— Ainsi, monsieur, demanda Morrel, vous avez des traites signées par moi ?

— Oui, monsieur, pour une somme assez considérable.

— Pour quelle somme? demanda Morrel d'une voix qu'il tâchait de rendre assurée.

— Mais voici d'abord, dit l'Anglais en tirant une liasse de sa poche, un transport de deux cent mille francs fait à notre maison par M. de Boville, l'inspecteur des prisons. Reconnaissez-vous devoir cette somme à M. de Boville?

— Oui, monsieur, c'est un placement qu'il a fait chez moi à quatre et demi du cent, voici bientôt cinq ans.

— Et que vous devez rembourser?

— Moitié le quinze de ce mois-ci, moitié le quinze du mois prochain.

— C'est cela ; puis voici trente-deux mille cinq cents francs, fin courant ; ce sont des traites signées de vous et passées à notre ordre par des tiers-porteurs.

— Je les reconnais, dit Morrel, à qui le rouge de la honte montait à la figure en songeant que pour la première fois de sa vie il ne pourrait peut-être pas faire honneur à sa signature ; est-ce tout ?

— Non, monsieur, j'ai encore pour la fin du mois prochain ces valeurs-ci, que nous ont passées la maison Pascal et la maison Wild et Turner de Marseille, cinquante-cinq mille francs à peu près, en tout deux cent quatre-vingt-sept mille cinq cents francs.

Ce que souffrait le malheureux Morrel pendant cette énumération est impossible à décrire.

— Deux cent quatre-vingt-sept mille cinq cents francs ! répéta-t-il machinalement.

— Oui, monsieur, répondit l'Anglais. Or, continua-t-il après un moment de silence, je ne vous cacherai pas, monsieur Morrel, que, tout en faisant la part de votre probité sans reproche jusqu'à présent, le bruit public de Marseille est que vous n'êtes pas en état de faire face à vos affaires.

A cette ouverture presque brutale, Morrel pâlit affreusement.

— Monsieur, dit-il, jusqu'à présent, et il y a plus de vingt-quatre ans que j'ai reçu la maison des mains de mon père, qui lui-même l'avait gérée trente-cinq ans, jusqu'à présent pas un billet signé Morrel et fils n'a été présenté à la caisse sans être payé.

— Oui, je sais cela, répondit l'Anglais; mais d'homme d'honneur à homme d'honneur, parlez franchement, monsieur, payerez-vous ceux-ci avec la même exactitude?

Morrel tressaillit et regarda celui qui lui parlait ainsi avec plus d'assurance qu'il ne l'avait encore fait.

— Aux questions posées avec cette franchise, dit-il, il faut faire une réponse franche. Oui, monsieur, je payerai si, comme je l'espère, mon bâtiment arrive à bon port, car son arrivée me rendra le crédit que les accidents successifs dont j'ai été la victime m'ont ôté; mais si par malheur le *Pharaon*, cette dernière ressource sur laquelle je compte, me manquait.... Les larmes montèrent aux yeux du pauvre armateur.

— Eh bien, demanda son interlocuteur, si cette dernière ressource vous manquait?...

— Eh bien, continua Morrel, monsieur, c'est cruel à dire... mais, déjà habitué au malheur, il faut que je m'habitue à la honte... eh bien, je crois que je serais forcé de suspendre mes payements.

— N'avez-vous donc point d'amis qui puissent vous aider dans cette circonstance ?

Morrel sourit tristement.

— Dans les affaires, monsieur, dit-il, on n'a point d'amis, vous le savez bien, on n'a que des correspondants.

— C'est vrai, murmura l'Anglais. Ainsi vous n'avez plus qu'une espérance ?

— Une seule.

— La dernière ?

— La dernière.

— De sorte que si cette espérance vous manque...

— Je suis perdu, monsieur, complétement perdu.

— Comme je venais chez vous, un navire entrait dans le port.

— Je le sais, monsieur. Un jeune homme qui est resté fidèle à ma mauvaise fortune passe une partie de son temps à un belvéder situé au haut de la maison, dans l'espérance de venir m'annoncer le premier une bonne nouvelle. J'ai su par lui l'entrée de ce navire.

— Et ce n'est pas le votre?

— Non, c'est un navire bordelais, *la Gironde*; il vient de l'Inde aussi, mais ce n'est pas le mien.

— Peut-être a-t-il eu connaissance du *Pharaon*, et vous apporte-t-il quelque nouvelle.

— Faut-il que je vous le dise, monsieur! je crains presque autant d'apprendre des nouvelles de mon trois-mâts que de rester dans l'incertitude. L'incertitude c'est encore l'espérance.

Puis M. Morrel ajouta d'une voix sourde :

— Ce retard n'est pas naturel : *le Pharaon* est parti de Calcutta le 5 février, depuis plus d'un mois il devrait être ici.

— Qu'est cela, dit l'Anglais en prêtant l'oreille, et que veut dire ce bruit?

— O mon Dieu! mon Dieu! s'écria Morel pâlissant, qu'y a-t-il encore!

En effet, il se faisait un grand bruit dans l'escalier; on allait et on venait, on entendit même un cri de douleur.

Morrel se leva pour aller ouvrir la porte, mais les forces lui manquèrent, et il retomba sur son fauteuil.

Les deux hommes restèrent en face l'un de l'autre, Morrel tremblant de tous ses membres, l'étranger le regardant avec une expression de profonde pitié. Le bruit avait cessé, mais cependant on eût dit que Morrel attendait quelque chose; ce bruit avait une cause, et devait avoir une suite.

Il sembla à l'étranger qu'on montait doucement l'escalier et que les pas, qui étaient ceux de plusieurs personnes, s'arrêtaient sur le palier.

Une clef fut introduite dans la serrure de la première porte, et l'on entendit cette porte crier sur ses gonds.

— Il n'y a que deux personnes qui aient la clef de cette porte, murmura Morrel, Coclès et Julie.

En même temps la seconde porte s'ouvrit et l'on vit apparaître la jeune fille pâle et les joues baignées de larmes.

Morrel se leva tout tremblant, et s'appuya au bras de son fauteuil, car il n'aurait pu se tenir debout. Sa voix voulait interroger, mais il n'avait plus de voix.

— O mon père, dit la jeune fille en joignant les mains, pardonnez à votre enfant d'être la messagère d'une mauvaise nouvelle !

— Morrel pâlit affreusement, Julie vint se jeter dans ses bras.

— O mon père, mon père, dit-elle, du courage !

— Ainsi *le Pharaon* a péri? demanda Morrel d'une voix étranglée.

La jeune fille ne répondit pas; mais elle fit un signe affirmatif avec sa tête appuyée à la poitrine de son père.

— Et l'équipage? demanda Morrel.

— Sauvé, dit la jeune fille, sauvé par le navire bordelais qui vient d'entrer dans le port.

Morrel leva les deux mains au ciel avec une expression de résignation et de reconnaissance sublime.

— Merci, mon Dieu, dit Morrel, au moins vous ne frappez que moi seul.

Si flégmatique que fût l'Anglais, une larme humecta sa paupière.

— Entrez, dit Morrel, entrez, car je présume que vous êtes tous là à la porte.

En effet, à peine avait-il prononcé ces mots que madame Morrel entra en sanglotant, Emmanuel la suivait; au fond, dans l'antichambre, on voyait les rudes figures de sept ou huit marins à moitié nus.

A la vue de ces hommes, l'Anglais tressaillit; il fit un pas comme pour aller à eux, mais il se contint, et s'effaça au contraire dans l'angle le plus obscur et le plus éloigné du cabinet.

Madame Morrel alla s'asseoir dans le fauteuil, prit une des mains de son mari dans les siennes, tandis que Julie demeurait appuyée à la poitrine de son père. Emmanuel était resté à mi-chemin de la chambre, et semblait servir de lien entre le groupe de la famille Morrel et les marins qui se tenaient à la porte.

— Comment cela est-il arrivé? demanda Morrel.

— Approchez, Penelon, dit le jeune homme, et racontez l'événement.

— Un vieux matelot, bronzé par le soleil de l'équateur, s'avança roulant entre ses mains les restes d'un chapeau.

— Bonjour, monsieur Morrel! dit-il comme s'il avait quitté Marseille la veille et qu'il arrivât d'Aix ou de Toulon.

— Bonjour, mon ami! dit l'armateur ne pouvant s'empêcher de sourire dans ses larmes; mais où est le capitaine?

— Quant à ce qui est du capitaine,

monsieur Morrel, il est resté malade à Palma; mais, s'il plaît à Dieu, cela ne sera rien, et vous le verrez arriver dans quelques jours aussi bien portant que vous et moi.

— C'est bien... maintenant parlez, Penelon, dit M. Morrel.

Penelon fit passer sa chique de la joue droite à la joue gauche, mit la main devant sa bouche, se détourna, lança dans l'antichambre un long jet de salive noirâtre, avasnça le pied, et se balançant sur ses hanches :

— Pour lors, monsieur Morrel, dit-il, nous étions quelque chose comme cela entre le cap Blanc et le cap Boyador, marchant avec une jolie brise sud-sud-ouest, après avoir bourlingué pendant huit jours de calme, quand le capitaine Gaumard s'approche de moi, il faut vous dire que j'étais au gouvernail, et me dit : Père Penelon, que pensez-vous de ces nuages qui s'élèvent là-bas à l'horizon ?

Justement je les regardais à ce moment-là.

— Ce que j'en pense, capitaine ! j'en pense qu'ils montent un peu plus vite qu'ils n'en ont le droit, et qu'ils sont plus noirs qu'il ne convient à des nuages qui n'auraient pas de mauvaises intentions.

— C'est mon avis aussi, dit le capitaine, et je m'en vais toujours prendre mes précautions. Nous avons trop de voiles pour le vent qu'il va faire tout à l'heure... Holà, hé! range à serrer les cacatois et à haler bas le clin-foc.

Il était temps, l'ordre n'était pas exécuté que le vent était à nos trousses, et que le bâtiment donnait de la bande.

— Bon! dit le capitaine, nous avons encore trop de toile ; range à carguer la grand' voile! Cinq minutes après la grand' voile était carguée, et nous marchions avec la misaine, les huniers et les perroquets.

— Eh bien, père Penelon, me dit le capitaine, qu'avez-vous donc à secouer la tête?

— J'ai, qu'à votre place, voyez-vous, je ne resterais pas en si beau chemin.

— Je crois que tu as raison, vieux, dit-il, nous allons avoir un coup de vent.

— Ah, par exemple, capitaine, que je lui réponds, celui qui achèterait ce qui se passe là-bas pour un coup de vent, gagnerait quelque chose dessus; c'est une belle et bonne tempête, ou je ne m'y connais pas!

C'est-à-dire qu'on voyait venir le vent comme on voit venir la poussière à Montredon; heureusement qu'il avait affaire à un homme qui le connaissait.

— Range à prendre deux ris dans les

huniers! cria le capitaine, largue les boulines, brasse au vent, amène les huniers, pèse les palanquins sur les vergues!

— Ce n'était pas assez dans ces parages-là, dit l'Anglais; j'aurais pris quatre ris, et je me serais débarrassé de la misaine.

Cette voix ferme, sonore et inattendue fit tressaillir tout le monde. Penelon mit sa main sur ses yeux et regarda celui qui contrôlait avec tant d'aplomb la manœuvre de son capitaine.

— Nous fîmes mieux que cela encore, monsieur, dit le vieux marin avec un certain respect, car nous carguâmes la brigantine et nous mîmes la barre au vent pour courir devant la tempête. Dix minutes, après nous carguions les huniers et nous nous en allions à sec de voiles.

— Le bâtiment était bien vieux pour risquer cela, dit l'Anglais.

— Eh bien, justement! c'est ce qui nous perdit. Au bout de douze heures, que nous étions ballottés que le diable en aurait pris les armes, il se déclara une voie d'eau. —Penelon, me dit le capitaine, je crois que nous coulons, mon vieux; donne-moi donc la barre, et descends à la calle.

Je lui donne la barre, je descends; il y avait déjà trois pieds d'eau. Je remonte en criant : Aux pompes! aux pompes! Ah bien oui, il était déjà trop tard! On se mit à l'ouvrage; mais je crois que plus nous en tirions, plus il y en avait.

— Ah, ma foi, que je dis au bout de quatre heures de travail, puisque nous coulons, laissons-nous couler, on ne meurt qu'une fois!

— C'est comme cela que tu donnes l'exemple, maître Penelon! dit le capitaine; eh bien, attends, attends!

Il alla prendre une paire de pistolets dans sa cabine.

— Le premier qui quitte la pompe, dit-il, je lui brûle la cervelle!

— Bien, dit l'Anglais.

— Il n'y a rien qui donne du courage comme les bonnes raisons, continua le marin, d'autant plus que pendant ce temps-là le temps s'était éclairci, et que le vent était tombé; mais il n'en est pas moins vrai que l'eau montait toujours, pas de beaucoup, de deux pouces peut-être par heure, mais enfin elle montait. Deux pouces par heure, voyez-vous, ça n'a l'air de rien; mais en douze heures ça ne fait pas moins vingt-quatre pouces, et vingt-quatre pouces font deux pieds. Deux pieds et trois que nous avions déjà, ça nous en faisait cinq. Or, quand un bâtiment a cinq pieds d'eau dans le ventre, il peut passer pour hydropique.

— Allons, dit le capitaine, c'est assez comme cela, et M. Morrel n'aura rien à nous reprocher : nous avons fait ce que nous avons pu pour sauver le bâtiment; maintenant il faut tâcher de sauver les hommes. A la chaloupe, enfants, et plus vite que cela!...

— Écoutez, monsieur Morrel, continua Penelon, nous aimions bien *le Pharaon;* mais si fort que le marin aime son navire, il aime encore mieux sa peau. Aussi nous ne nous le fîmes pas dire à deux fois; avec cela, voyez-vous, que le bâtiment se plaignait et semblait nous dire : — Allez-vous-en donc, mais allez-vous-en donc! et il ne mentait pas, le pauvre *Pharaon;* nous le sentions littéralement s'enfoncer sous nos pieds. Tant il y a qu'en un tour de main la chaloupe était à la mer, et que nous étions tous les huit dedans.

Le capitaine descendit le dernier, ou plutôt, non, il ne descendit pas, car il ne voulait pas quitter le navire, c'est moi qui le pris à bras-le-corps et qui le jetai aux camarades, après quoi je sautai à mon tour. Il était temps. Comme je venais de sauter, le pont creva avec un bruit qu'on aurait dit la bordée d'un vaisseau de quarante-huit.

Dix minutes après, il plongea de l'avant, puis de l'arrière, puis il se mit à tourner sur lui-même comme un chien qui court après sa queue; et puis, bonsoir la compagnie, brrrrrou!.... tout a été dit, plus de *Pharaon!*

Quant à nous, nous sommes restés trois jours sans boire ni manger; si bien que nous parlions déjà de tirer au sort pour savoir celui qui alimenterait les autres, quand nous aperçûmes *la Gironde*: nous lui fîmes des signaux, elle nous vit, mit le cap sur nous, nous envoya sa chaloupe et nous recueillit. Voilà comme ça s'est passé, monsieur Morrel, parole d'honneur! foi de marin! N'est-ce pas, les autres?

Un murmure général d'approbation indiqua que le narrateur avait réuni tous les suffrages par la vérité du fond et le pittoresque des détails.

— Bien, mes amis, dit M. Morrel, vous êtes de braves gens, et je savais d'avance que dans le malheur qui m'arrivait il n'y avait pas d'autre coupable que ma destinée. C'est la volonté de Dieu et non la faute des hommes. Adorons la volonté de

Dieu. Maintenant combien vous est-il dû de solde ?

— Oh, bah ! ne parlons pas de cela, monsieur Morrel.

— Au contraire, parlons-en, dit l'armateur avec un sourire triste.

— Eh bien, on nous doit trois mois... dit Penelon.

— Coclès, payez deux cents francs à chacun de ces braves gens. Dans une autre époque, mes amis, continua Morrel, j'eusse ajouté : Donnez leur à chacun deux cents francs de gratification ; mais les temps sont malheureux, mes amis, et le peu d'argent qui me reste ne m'appartient plus. Excusez-moi donc, et ne m'en aimez pas moins pour cela. Penelon fit une grimace d'attendrissement, se retourna vers ses compagnons, échangea quelques mots avec eux, et revint.

— Pour ce qui est de cela, monsieur Morrel, dit-il en passant sa chique de l'autre côté de sa bouche et en lançant dans l'antichambre un second jet de salive qui alla faire le pendant du premier, pour ce qui est de cela...

— De quoi?

— De l'argent...

— Eh bien?

— Eh bien, monsieur Morrel! les camarades disent que pour le moment ils auront assez avec cinquante francs chacun et qu'ils attendront pour le reste.

— Merci, mes amis, merci, s'écria M. Morrel touché jusqu'au cœur : vous êtes tous de braves cœurs; mais prenez, prenez, et si vous trouvez un bon service, entrez-y, vous êtes libres.

Cette dernière partie de la phrase produisit un effet prodigieux sur les dignes marins, ils se regardèrent les uns les autres d'un air effaré. Penelon, à qui la respiration manqua, faillit en avaler sa chique, heureusement il porta à temps la main à son gosier.

— Comment, monsieur Morrel, dit-il d'une voix étranglée, comment, vous nous renvoyez ! vous êtes donc mécontent de nous ?

— Non, mes enfants, dit l'armateur; non, je ne suis pas mécontent de vous, tout au contraire. Non, je ne vous renvoie pas. Mais, que voulez-vous ! je n'ai plus de bâtiments, je n'ai plus besoin de marins.

— Comment, vous n'avez plus de bâtiments ! dit Penelon, eh bien ! vous en ferez construire d'autres, nous attendrons. Dieu merci ! nous savons ce que c'est que de bourlinguer.

— Je n'ai plus d'argent pour faire construire des bâtiments, Penelon, dit l'armateur avec un triste sourire, je ne puis donc pas accepter votre offre tout obligeante qu'elle est.

— Eh bien, si vous n'avez plus d'argent il ne faut pas nous payer alors, nous ferons comme a fait ce pauvre Pharaon, nous courrons à sec, voilà tout!

— Assez, assez, mes amis, dit Morrel étouffant d'émotion; allez, je vous en prie. Nous nous retrouverons dans un temps meilleur. Emmanuel, ajouta l'armateur, accompagnez-les, et veillez à ce que mes désirs soient accomplis.

— Au moins c'est au revoir, n'est-ce pas, monsieur Morrel? dit Penelon.

— Oui, mes amis, je l'espère au moins, allez.

Et il fit un signe à Coclès, qui marcha

devant. Les marins suivirent le caissier, et Emmanuel suivit les marins.

— Maintenant, dit l'armateur à sa femme et à sa fille, laissez-moi seul un instant, j'ai à causer avec monsieur.

Et il indiqua des yeux le mandataire de la maison Thomson et French, qui était resté debout et immobile dans son coin pendant toute cette scène à laquelle il n'avait pris part que par les quelques mots que nous avons rapportés.

Les deux femmes levèrent les yeux sur l'étranger qu'elles avaient complétement oublié, et se retirèrent; mais, en se retirant, la jeune fille lança à cet homme un coup d'œil sublime de supplication, auquel il répondit par un sourire qu'un froid observateur eût été étonné de voir éclore sur ce visage de glace.

Les deux hommes restèrent seuls.

— Eh bien, monsieur, dit Morrel en se laissant retomber sur son fauteuil, vous avez tout vu, tout entendu, et je n'ai plus rien à vous apprendre.

— J'ai vu, monsieur, dit l'Anglais, qu'il vous était arrivé un nouveau malheur immérité comme les autres, et cela m'a confirmé dans le désir où j'étais déjà de vous être agréable.

— Oh! monsieur! dit Morrel.

— Voyons, continua l'étranger. Je suis

un de vos principaux créanciers, n'est-ce pas ?

— Vous êtes du moins celui qui possédez les valeurs à plus courte échéance.

— Vous désirez un délai pour me payer ?

— Un délai pourrait me sauver l'honneur, dit Morrel, et par conséquent la vie.

— Combien demandez-vous ?

Morrel hésita.

— Deux mois, dit-il.

— Bien, dit l'étranger, je vous en donne trois.

— Mais, dit Morrel, croyez-vous que la maison Thomson et French...

— Soyez tranquille, monsieur, je prends tout sur moi. Nous sommes aujourd'hui le 5 juin.

— Oui.

— Eh bien, renouvelez-moi tous ces billets au 5 septembre; et le 5 septembre, à onze heures du matin (la pendule marquait onze heures juste en ce moment), je me présenterai chez vous.

— Je vous attendrai, monsieur, dit Morrel, et vous serez payé ou je serai mort.

Ces derniers mots furent prononcés si bas, que l'étranger ne put les entendre.

Les billets furent renouvelés, on déchira les anciens, et le pauvre armateur se trouva au moins avoir trois mois devant lui pour réunir ses dernières ressources.

L'Anglais reçut ses remercîments avec le flegme particulier à sa nation et prit congé de Morrel, qui le reconduisit, en le bénissant, jusqu'à la porte.

Sur l'escalier il rencontra Julie. La jeune fille faisait semblant de descendre, mais en réalité elle l'attendait.

— O monsieur ! dit-elle en joignant les mains.

— Mademoiselle, dit l'étranger, vous recevrez un jour une lettre signée.... Simbad le marin.... faites de point en point ce que vous dira cette lettre, si étrange que vous paraisse la recommandation.

— Oui, monsieur, répondit Julie.

— Me promettez-vous de le faire?

— Je vous le jure.

— Bien! Adieu, mademoiselle. Demeurez toujours une bonne et sainte fille comme vous êtes, et j'ai bon espoir que Dieu vous récompensera en vous donnant Emmanuel pour mari.

Julie poussa un petit cri, devint rouge comme une cerise et se retint à la rampe pour ne pas tomber.

L'étranger continua son chemin en lui faisant un geste d'adieu.

Dans la cour il rencontra Penelon, qui

tenait un rouleau de cent francs de chaque main et semblait ne pouvoir se décider à les emporter.

— Venez, mon ami, lui dit-il, j'ai à vous parler.

CHAPITRE IV.

LE CINQ SEPTEMBRE.

Ce délai accordé par le mandataire de la maison Thomson et French, au moment où Morrel s'y attendait le moins, parut au pauvre armateur un de ces retours de bonheur qui annoncent à l'homme que le sort s'est enfin lassé de s'acharner sur lui. Le même jour il raconta ce qui lui était arrivé à sa fille, à sa femme et à Emmanuel, et un peu d'espérance, sinon de tranquillité, rentra dans la famille. Mais malheureusement Morrel n'avait pas seulement affaire à la maison Thomson et French, qui s'était montrée envers lui de si bonne composition. Comme il l'avait dit, dans le commerce on a des correspondants et pas d'amis. Lorsqu'il y songeait profondément, il ne comprenait même pas cette conduite généreuse de MM. Thomson et French envers lui; il ne se l'expliquait que par cette réflexion intelligemment égoïste que cette maison aurait faite : Mieux vaut soutenir un homme qui nous doit près de trois cent mille francs, et avoir ces trois cent mille francs au bout de trois mois, que de hâter sa ruine, et d'avoir six ou huit du cent du capital.

Malheureusement, soit haine, soit aveuglement, tous les correspondants de Morrel ne firent pas la même réflexion, et quelques-uns même firent la réflexion contraire. Les traites souscrites par Morrel furent donc présentées à la caisse avec une scrupuleuse rigueur, et, grâce au délai accordé par l'Anglais, furent payées par Coclès à bureau ouvert. Coclès continua donc de demeurer dans sa tranquillité fatidique. M. Morrel seul vit avec terreur que s'il avait eu à rembourser, le 15, les cinquante mille francs de M. de Boville, et, le 30, les trente-deux mille cinq cents francs de traites pour lesquelles, ainsi que pour la créance de l'inspecteur des prisons, il avait un délai, il était dès ce mois-là un homme perdu.

L'opinion de tout le commerce de Marseille était que, sous les revers successifs qui l'accablaient, Morrel ne pouvait tenir. L'étonnement fut donc grand lorsqu'on vit sa fin de mois remplie avec son exactitude ordinaire. Cependant la confiance ne rentra point pour cela dans les esprits, et l'on remit d'une voix unanime à la fin de mois prochaine la déposition du bilan du malheureux armateur.

Tout le mois se passa dans des efforts inouïs de la part de Morrel pour réunir toutes ses ressources. Autrefois son papier, à quelque date que ce fût, était pris avec confiance, et même demandé. Morrel essaya de négocier du papier à quatre-vingt-dix jours, et trouva toutes les banques fermées. Heureusement Morrel avait lui-même quelques rentrées sur lesquelles il pouvait compter; ces rentrées s'opérèrent : Morrel se trouva donc encore en mesure de faire face à ses engagements lorsque arriva la fin de juillet.

Au reste, on n'avait pas revu à Marseille le mandataire de la maison Thomson et French; le lendemain ou le surlendemain de sa visite à M. Morrel il avait disparu; or, comme il n'avait eu à Marseille de relations qu'avec le maire, l'inspecteur des prisons et M. Morrel, son passage n'avait laissé d'autre trace que le souvenir différent qu'avaient gardé de lui ces trois personnes. Quant aux matelots du *Pharaon*, il paraît qu'ils avaient trouvé quelque engagement; car ils avaient disparu aussi.

Le capitaine Gaumard, remis de l'indisposition qui l'avait retenu à Palma, revint à son tour. Il hésitait à se présenter chez M. Morrel; mais celui-ci apprit son arrivée, et l'alla trouver lui-même. Le digne armateur savait d'avance, par le récit de Penelon, la conduite courageuse qu'avait tenue le capitaine pendant tout ce sinistre, et ce fut lui qui essaya de le consoler. Il lui apportait le montant de sa solde, que le capitaine Gaumard n'eût point osé aller toucher.

Comme il descendait l'escalier, M. Morrel rencontra Penelon qui le montait. Penelon avait, à ce qu'il paraissait, fait bon emploi de son argent, car il était tout vêtu de neuf. En apercevant son armateur, le digne timonier parut fort embarrassé; il se rangea dans l'angle le plus éloigné du palier, passa alternativement sa chique de gauche à droite et de droite à gauche, en roulant de gros yeux effarés, et ne répondit que par une pression timide à la poignée de main que lui offrit avec sa cordialité ordinaire M. Morrel. M. Morel attribua l'embarras de Penelon à l'élégance de sa toilette : il était évident que le brave homme n'avait pas donné à son compte dans un pareil luxe ; il était donc déjà engagé sans doute à bord de quelque autre bâtiment, et sa honte lui venait de ce qu'il n'avait pas, si l'on peut s'exprimer ainsi, porté plus long-temps le deuil du *Pharaon*. Peut-être même venait-il pour faire part au capitaine Gaumard de sa bonne fortune et pour lui faire part des offres de son nouveau maître.

— Braves gens, dit Morrel en s'éloignant, puisse votre nouveau maître vous aimer comme je vous aimais, et être plus heureux que je ne le suis!...

Août s'écoula dans des tentatives sans cesse renouvelées par Morrel de relever son ancien crédit ou de s'en ouvrir un nouveau. Le 20 août on sut à Marseille qu'il avait pris une place à la malle-poste, et l'on se dit alors que c'était pour la fin du mois courant que le bilan devait être déposé, et que Morrel était parti d'avance pour ne pas assister à cet acte cruel, délégué sans doute à son premier commis Emmanuel et à son caissier Coclès. Mais, contre toutes les prévisions, lorsque le 31 août arriva, la caisse s'ouvrit comme d'habitude. Coclès apparut derrière le grillage, calme comme le juste d'Horace ; examina avec la même attention le papier qu'on lui présentait, et, depuis la première jusqu'à la dernière, paya les traites avec la même exactitude. Il vint même deux remboursements qu'avait prévus M. Morrel; et que Coclès paya avec la même ponctualité que les traites qui étaient personnelles à l'armateur. On n'y comprenait plus rien, et l'on remettait, avec la ténacité particulière aux prophètes de mauvaises nouvelles, la faillite à la fin de septembre.

Le 1er, Morrel arriva : il était attendu par toute sa famille avec une grande anxiété ; de ce voyage à Paris devait surgir sa dernière voie de salut. Morrel avait pensé à Danglars, aujourd'hui millionnaire et autrefois son obligé, puisque c'était à la recommandation de Morrel que Danglars était entré au service du banquier espagnol chez lequel il avait commencé son immense fortune. Aujourd'hui Danglars, disait-on, avait six ou huit millions à lui, un crédit illimité; Danglars, sans tirer un écu de sa poche, pouvait sauver Morrel : il n'avait qu'à garantir un emprunt, et Morrel était sauvé. Morrel avait depuis long-temps pensé à Danglars; mais il y a de ces répulsions instinctives dont on n'est pas maître, et Morrel avait tardé autant qu'il lui avait été possible de recourir à ce suprême moyen. Et Morrel avait eu raison, car il était revenu brisé sous l'humiliation d'un refus.

Aussi à son retour Morrel n'avait-il exhalé aucune plainte, proféré aucune récrimination ; il avait embrassé en pleurant sa femme et sa fille, avait tendu une main amicale à Emmanuel, s'était enfermé dans son cabinet du second, et avait demandé Coclès.

— Pour cette fois, avaient dit les deux femmes à Emmanuel, nous sommes perdus.

Puis, dans un court conciliabule tenu entre elles, il avait été convenu que Julie écrirait à son frère, en garnison à Nîmes, d'arriver à l'instant même.

Les pauvres femmes sentaient instinctivement qu'elles avaient besoin de toutes leurs forces pour soutenir le coup qui les menaçait.

D'ailleurs, Maximilien Morrel, quoique

âgé de vingt-deux ans à peine, avait déjà une grande influence sur son père.

C'était un jeune homme ferme et droit. Au moment où il s'était agi d'embrasser une carrière, son père n'avait point voulu lui imposer d'avance un avenir et avait consulté les goûts du jeune Maximilien. Celui-ci avait alors déclaré qu'il voulait suivre la carrière militaire; il avait fait, en conséquence, d'excellentes études, était entré par le concours à l'École Polytechnique, et en était sorti sous-lieutenant au 53e de ligne. Depuis un an il occupait ce grade, et avait promesse d'être nommé lieutenant à la première occasion. Dans le régiment, Maximilien Morrel était cité comme le rigide observateur, non seulement de toutes les obligations imposées au soldat, mais encore de tous les devoirs proposés à l'homme, et on ne l'appelait que le *stoïcien*. Il va sans dire que beaucoup de ceux qui lui donnaient cette épithète la répétaient pour l'avoir entendue, et ne savaient pas même ce qu'elle voulait dire.

C'était ce jeune homme que sa mère et sa sœur appelaient à leur aide pour les soutenir dans la circonstance grave où elles sentaient qu'elles allaient se trouver.

Elles ne s'étaient pas trompées sur la gravité de cette circonstance, car, un instant après que M. Morrel fut entré dans son cabinet avec Coclès, Julie en vit sortir ce dernier pâle, tremblant et le visage tout bouleversé.

Elle voulut l'interroger comme il passait près d'elle ; mais le brave homme, continuant de descendre l'escalier avec une précipitation qui ne lui était pas habituelle, se contenta de s'écrier en levant les bras au ciel :

— O mademoiselle, mademoiselle! quel affreux malheur! et qui jamais aurait cru cela!

Un instant après, Julie le vit remonter portant deux ou trois gros registres, un portefeuille, et un sac d'argent.

Morrel consulta les registres, ouvrit le portefeuille, compta l'argent.

Toutes ses ressources montaient à six

ou huit mille francs, ses rentrées jusqu'au 5 à quatre ou cinq mille; ce qui faisait, en cotant au plus haut, un actif de quatorze mille francs pour faire face à une traite de deux cent quatre-vingt-sept mille cinq cents francs. Il n'y avait pas même moyen d'offrir un pareil à-compte.

Cependant lorsque Morrel descendit pour dîner il paraissait assez calme. Ce calme effraya plus les deux femmes que n'aurait pu le faire le plus profond abattement.

Après le dîner, Morrel avait l'habitude de sortir; il allait prendre son café au cercle des Phocéens et lire le *Sémaphore*: ce jour-là il ne sortit point et remonta dans son bureau.

Quant à Coclès, il paraissait complétement hébété. Pendant une partie de la journée il s'était tenu dans la cour, assis sur une pierre, la tête nue, par un soleil de trente degrés.

Emmanuel essayait de rassurer les femmes, mais il était mal éloquent. Le jeune homme était trop au courant des affaires de la maison, pour ne pas sentir qu'une grande catastrophe pesait sur la famille Morrel.

La nuit vint : les deux femmes avaient veillé, espérant qu'en descendant de son cabinet Morrel entrerait chez elles ; mais elles l'entendirent passer devant leur porte, allégeant son pas dans la crainte sans doute d'être appelé.

Elles prêtèrent l'oreille, il rentra dans sa chambre et ferma sa porte en dedans.

Madame Morrel envoya coucher sa fille; puis, une demi-heure après que Julie se fut retirée, elle se leva, ôta ses souliers et se glissa dans le corridor pour voir par la serrure ce que faisait son mari.

Dans le corridor elle aperçut une ombre qui se retirait : c'était Julie, qui, inquiète elle-même, avait précédé sa mère.

La jeune fille alla à madame Morrel.

— Il écrit, dit-elle.

Les deux femmes s'étaient devinées sans se parler.

Madame Morrel s'inclina au niveau de la serrure. En effet, Morrel écrivait; mais, ce que n'avait pas remarqué sa fille, madame Morrel le remarqua, elle : c'est que son mari écrivait sur du papier marqué.

Cette idée terrible lui vint, qu'il faisait son testament; elle frissonna de tous ses membres, et cependant elle eut la force de ne rien dire.

Le lendemain, M. Morrel paraissait tout à fait calme, il se tint dans son bureau comme à l'ordinaire, descendit pour déjeuner comme d'habitude, seulement après son dîner il fit asseoir sa fille près de lui, prit la tête de l'enfant dans son bras et la tint long-temps contre sa poitrine.

Le soir, Julie dit à sa mère que, quoique

calme en apparence, elle avait remarqué que le cœur de son père battait violemment.

Les deux autres jours s'écoulèrent à peu près pareils. Le 4 septembre au soir, M. Morrel redemanda à sa fille la clef de son cabinet.

Julie tressaillit à cette demande, qui lui sembla sinistre. Pourquoi son père lui redemandait-il cette clef qu'elle avait toujours eue, et qu'on ne lui reprenait dans son enfance que lorsqu'on voulait la punir?

La jeune fille regarda M. Morrel.

— Qu'ai-je donc fait de mal, mon père, dit-elle, pour que vous me repreniez cette clef?

— Rien, mon enfant, répondit le malheureux Morrel, à qui cette demande si simple fit jaillir les larmes des yeux, rien, seulement j'en ai besoin...

Julie fit semblant de chercher la clef.

— Je l'aurai laissée chez moi, dit-elle.

Et elle sortit; mais, au lieu d'aller chez elle, elle descendit, et courut consulter Emmanuel.

— Ne rendez pas cette clef à votre père, dit celui-ci, et demain matin, s'il est possible, ne le quittez pas.

Elle essaya de questionner Emmanuel; mais celui-ci ne savait rien autre chose, ou ne voulait pas dire autre chose.

Pendant toute la nuit du 4 au 5 septembre, madame Morrel resta l'oreille collée contre la boiserie. Jusqu'à trois heures du matin, elle entendit son mari marcher avec agitation dans sa chambre.

A trois heures seulement, il se jeta sur son lit.

Les deux femmes passèrent la nuit ensemble. Depuis la veille au soir elles attendaient Maximilien.

A huit heures, M. Morrel entra dans leur chambre. Il était calme, mais l'agitation de la nuit se lisait sur son visage pâle et défait.

Les femmes n'osèrent lui demander s'il avait bien dormi.

Morrel fut meilleur pour sa femme, et plus paternel pour sa fille, qu'il n'avait jamais été. Il ne pouvait se rassasier de regarder et d'embrasser la pauvre enfant.

Julie se rappela la recommandation d'Emmanuel et voulut suivre son père lorsqu'il sortit, mais celui-ci la repoussant avec douceur :

— Reste près de ta mère, lui dit-il.

Julie voulait insister.

— Je le veux, dit Morrel.

C'était la première fois que Morrel disait à sa fille : Je le veux ; mais il le disait avec un accent empreint d'une si paternelle douceur, que Julie n'osa faire un pas en avant.

Elle resta à la même place, debout, muette et immobile. Un instant après, la porte se rouvrit, elle sentit deux bras qui l'entouraient, et une bouche qui se collait à son front.

Elle leva les yeux et poussa une exclamation de joie.

— Maximilien, mon frère! s'écria-t-elle.

A ce cri, madame Morrel accourut et se jeta dans les bras de son fils.

— Ma mère, dit le jeune homme en regardant alternativement madame Morrel et sa fille, qu'y a-t-il donc et que se passet-il? votre lettre m'a épouvanté et j'accours.

— Julie, dit madame Morrel en faisant signe au jeune homme, va dire à ton père que Maximilien vient d'arriver.

La jeune fille se lança hors de l'appartement, mais sur la première marche de l'escalier elle trouva un homme tenant une lettre à la main.

— N'êtes-vous point mademoiselle Julie Morrel? dit cet homme avec un accent italien des plus prononcés.

— Oui, monsieur, répondit Julie toute balbutiante, mais que me voulez-vous? je ne vous connais pas.

— Lisez cette lettre, dit l'homme en lui tendant un billet.

Julie hésitait.

— Il y va du salut de votre père, dit le messager.

La jeune fille lui arracha le billet des mains.

Puis elle l'ouvrit vivement et lut.

« Rendez-vous à l'instant même aux allées de Meillan, entrez dans la maison n° 15, demandez à la concierge la clef de la chambre du cinquième, entrez dans cette chambre, prenez sur le coin de la cheminée une bourse en filet de soie rouge, et apportez cette bourse à votre père.

» Il est important qu'il l'ait avant onze heures.

» Vous avez promis de m'obéir aveuglément, je vous rappelle votre promesse.

» SIMBAD LE MARIN. »

La jeune fille poussa un cri de joie, leva les yeux, chercha pour l'interroger l'homme qui lui avait remis ce billet, mais il avait disparu.

Elle reporta alors les yeux sur le billet pour le lire une seconde fois et s'aperçut qu'il avait un *post-scriptum*.

Elle lut :

« Il est important que vous remplissiez cette mission en personne et seule; si vous veniez accompagnée ou qu'une autre que vous se présentât, le concierge répondrait qu'il ne sait pas ce que l'on veut dire. »

Ce *post-scriptum* fut une puissante correction à la joie de la jeune fille. N'avait-elle rien à craindre, n'était-ce pas quelque piége qu'on lui tendait? Son innocence lui laissait ignorer quels étaient les dangers que pouvait courir une jeune fille de son âge, mais on n'a pas besoin de connaître le danger pour craindre; il y a même une chose à remarquer; c'est que ce sont justement les dangers inconnus qui inspirent les plus grandes terreurs.

Julie hésitait, elle résolut de demander conseil.

Mais, par un sentiment étrange, ce ne fut ni à sa mère ni à son frère qu'elle eut recours, ce fut à Emmanuel.

Elle descendit, lui raconta ce qui lui était arrivé le jour où le mandataire de la maison Thomson et French était venu chez son père; elle lui dit la scène de l'escalier, lui répéta la promesse qu'elle avait faite, et lui montra la lettre.

— Il faut y aller, mademoiselle, dit Emmanuel.

— Y aller? murmura Julie.

— Oui, je vous y accompagnerai.

— Mais vous n'avez pas vu que je dois être seule? dit Julie.

— Vous serez seule aussi, répondit le jeune homme, moi je vous attendrai au coin de la rue du Musée; et si vous tardez de façon à me donner quelque inquiétude, alors j'irai vous rejoindre, et, je vous en réponds, malheur à ceux dont vous me diriez que vous auriez eu à vous plaindre !

— Ainsi, Emmanuel, reprit en hésitant la jeune fille, votre avis est donc que je me rende à cette invitation ?

— Oui. Le messager ne vous a-t-il pas dit qu'il y allait du salut de votre père ?

— Mais enfin, Emmanuel, quel danger court-il donc ? demanda la jeune fille.

Emmanuel hésita un instant, mais le désir de décider la jeune fille d'un seul coup et sans retard l'emporta.

— Écoutez, lui dit-il, c'est aujourd'hui le 5 septembre, n'est-ce-pas?

— Oui.

— Aujourd'hui, à onze heures, votre père a près de trois cent mille francs à payer.

— Oui, nous le savons.

— Eh bien, dit Emmanuel, il n'en a pas quinze mille en caisse.

— Alors que va-t-il donc arriver?

— Il va arriver que si aujourd'hui, avant onze heures, votre père n'a pas trouvé quelqu'un qui lui vienne en aide, à midi votre père sera obligé de se déclarer en banqueroute.

— Oh! venez! venez! s'écria la jeune fille en entraînant le jeune homme avec elle.

Pendant ce temps, madame Morrel avait tout dit à son fils.

Le jeune homme savait bien qu'à la suite des malheurs successifs qui étaient arrivés à son père, de grandes réformes avaient été faites dans les dépenses de la maison; mais il ignorait que les choses en fussent arrivées à ce point.

Il demeura anéanti.

Puis tout à coup il s'élança hors de l'appartement, monta rapidement l'escalier, car il croyait son père à son cabinet, mais il frappa vainement.

Comme il était à la porte de ce cabinet, il entendit celle de l'appartement s'ouvrir, il se retourna et vit son père. Au lieu de remonter droit à son cabinet, M. Morrel était rentré dans sa chambre et en sortait seulement maintenant.

M. Morrel poussa un cri de surprise en apercevant Maximilien; il ignorait l'arrivée du jeune homme. Il demeura immobile à la même place, serrant avec son bras gauche un objet qu'il tenait caché sous sa redingote.

Maximilien descendit vivement l'escalier et se jeta au cou de son père; mais tout à coup il se recula, laissant sa main droite seulement appuyée sur la poitrine de Morrel.

— Mon père, dit-il en devenant pâle comme la mort, pourquoi avez-vous donc une paire de pistolets sous votre redingote ?

— Oh ! voilà ce que je craignais ! dit Morrel.

— Mon père ! mon père ! au nom du ciel, s'écria le jeune homme, pourquoi ces armes ?

— Maximilien, répondit Morrel en regardant fixement son fils, tu es un homme, et un homme d'honneur ; viens, je vais te le dire.

Et Morrel monta d'un pas assuré à son cabinet, tandis que Maximilien le suivait en chancelant.

Morrel ouvrit la porte et la referma derrière son fils, puis il traversa l'antichambre, s'approcha du bureau, déposa ses pistolets sur le coin de la table, et montra du bout du doigt à son fils un registre ouvert.

Sur ce registre était consigné l'état exact de la situation.

Morrel avait à payer dans une demi-heure deux cent quatre-vingt-sept mille cinq cents francs.

Il possédait en tout quinze mille deux cent cinquante-sept francs.

— Lis, dit Morrel.

Le jeune homme lut et resta un moment comme écrasé.

Morrel ne disait pas une parole : qu'aurait-il pu dire qui ajoutât à l'inexorable arrêt des chiffres !

— Et vous avez tout fait, mon père, dit au bout d'un instant le jeune homme, pour aller au-devant de ce malheur ?

— Oui, répondit Morrel.

— Vous ne comptez sur aucune rentrée ?

— Sur aucune.

— Vous avez épuisé toutes vos ressources ?

— Toutes.

— Et dans une demi-heure, ajouta-t-il

d'une voix sombre, notre nom est déshonoré.

— Le sang lave le déshonneur, dit Morrel.

— Vous avez raison, mon père, dit-il, et je vous comprends.

Puis étendant la main vers les pistolets :

— Il y en a un pour vous et un pour moi, dit-il : merci !

Morrel lui arrêta la main.

— Et ta mère... et ta sœur... qui les nourrira ?

Un frisson courut par tout le corps du jeune homme.

— Mon père, dit-il, songez-vous que vous me dites de vivre?

— Oui, je te le dis, reprit Morrel, car c'est ton devoir; tu as l'esprit calme et fort, Maximilien... Maximilien, tu n'es pas un homme ordinaire; je ne te commande rien, je ne t'ordonne rien, seulement je te dis : Examine la situation comme si tu y étais étranger, et juge-la toi-même.

Le jeune homme réfléchit un instant, puis une expression de résignation sublime passa dans ses yeux; seulement il ôta d'un mouvement lent et triste son épaulette et sa contre-épaulette, insignes de son grade.

— C'est bien, dit-il en tendant la main

à Morrel, mourez en paix, mon père! je vivrai.

Morrel fit un mouvement pour se jeter aux genoux de son fils. Maximilien l'attira à lui, et ces deux nobles cœurs battirent un instant l'un contre l'autre.

— Tu sais qu'il n'y a pas de ma faute? dit Morrel.

Maximilien sourit.

— Je sais, mon père, que vous êtes le plus honnête homme que j'aie jamais connu.

— C'est bien, tout est dit: maintenant retourne près de ta mère et de ta sœur.

— Mon père, dit le jeune homme en fléchissant le genou, bénissez-moi!

Morrel saisit la tête de son fils entre ses deux mains, l'approcha de lui, et y imprimant plusieurs fois ses lèvres :

— Oh, oui! oui, dit-il, je te bénis en mon nom et au nom de trois générations d'hommes irréprochables; écoute donc ce qu'ils te disent par ma voix : L'édifice que le malheur a détruit, la Providence peut le rebâtir. En me voyant mort d'une pareille mort, les plus inexorables auront pitié de moi; à toi peut-être on donnera le temps qu'on m'aurait refusé; alors tâche que le mot infâme ne soit pas prononcé; mets-toi à l'œuvre, travaille, jeune homme, lutte ardemment et courageusement; vis, toi, ta mère et ta sœur, du strict nécessaire, afin que, jour par jour, le bien de ceux à qui je dois s'augmente et fructifie entre tes mains. Songe que ce sera un beau jour, un grand jour, un jour solennel que celui de la réhabilitation, le jour où, dans ce même bureau, tu diras : Mon père est mort parce qu'il ne pouvait pas faire ce que je fais aujourd'hui ; mais il est mort tranquille et calme, parce qu'il savait en mourant que je le ferais.

— Oh ! mon père, mon père, s'écria le jeune homme, si cependant vous pouviez vivre !

— Si je vis, tout change ; si je vis, l'intérêt se change en doute, la pitié en acharnement ; si je vis, je ne suis plus qu'un homme qui a manqué à sa parole, qui a failli à ses engagements ; je ne suis plus qu'un banqueroutier enfin. Si je meurs, au contraire, songes-y, Maximilien, mon cadavre n'est plus que celui d'un honnête homme malheureux. Vivant, mes meilleurs amis évitent ma maison; mort, Marseille tout entier me suit en pleurant jusqu'à ma dernière demeure. Vivant, tu as honte de mon nom; mort, tu lèves haut la tête et tu dis :

— Je suis le fils de celui qui s'est tué parce que pour la première fois il a été forcé de manquer à sa parole.

Le jeune homme poussa un gémissement, mais il parut résigné. C'était la seconde fois que la conviction rentrait non pas dans son cœur, mais dans son esprit.

— Et maintenant, dit Morrel, laisse-moi seul et tâche d'éloigner les femmes.

— Ne voulez-vous pas revoir ma sœur? demanda Maximilien.

Un dernier et sourd espoir était caché pour le jeune homme dans cette entrevue, voilà pourquoi il la proposait.

M. Morrel secoua la tête.

— Je l'ai vue ce matin, dit-il, et je lui ai dit adieu.

— N'avez-vous pas quelque recommandation particulière à me faire, mon père? demanda Maximilien d'une voix altérée.

— Si fait, mon fils, une recommandation sacrée.

— Dites, mon père.

— La maison Thomson et French est la seule qui, par humanité, par égoïsme peut-être, mais ce n'est pas à moi à lire dans le cœur des hommes, a eu pitié de moi. Son mandataire, celui qui, dans dix minutes, se présentera pour toucher le montant d'une traite de deux cent quatre-vingt-sept mille sept cents francs, je ne dirai pas m'a accordé, mais m'a offert trois mois. Que cette maison soit remboursée la première, mon fils, que cet homme te soit sacré.

— Oui, mon père, dit Maximilien.

— Et maintenant encore une fois adieu, dit Morrel, va, va, j'ai besoin d'être seul; tu trouveras mon testament dans le secrétaire de ma chambre à coucher.

Le jeune homme resta debout et inerte, n'ayant qu'une force de volonté mais pas d'exécution.

— Écoute, Maximilien, dit son père, suppose que je sois soldat comme toi, que j'aie reçu l'ordre d'emporter une redoute, et que tu saches que je doive être tué en l'emportant, ne me dirais-tu pas ce que tu me disais tout à l'heure : Allez, mon père, car vous vous déshonorez en restant, et mieux vaut la mort que la honte!

— Oui, oui, dit le jeune homme, oui. Et serrant convulsivement Morrel dans ses bras :

— Allez, mon père, dit-il. Et il s'élança hors du cabinet.

Quand son fils fut sorti, Morrel resta un instant debout et les yeux fixés sur la porte, puis il allongea la main, trouva le cordon d'une sonnette et sonna.

Au bout d'un instant Coclès parut.

Ce n'était plus le même homme, ces trois jours de conviction l'avaient brisé. Cette pensée : la maison Morrel va cesser ses payements, le courbait vers la terre plus que ne l'eussent fait vingt autres années sur sa tête.

— Mon bon Coclès, dit Morrel avec un accent dont il serait impossible de rendre l'expression, tu vas rester dans l'antichambre. Quand ce monsieur qui est déjà venu il y a trois mois, tu sais, le mandataire de la maison Thomson et French, va venir, tu l'annonceras.

Coclès ne répondit point; il fit un signe de tête, alla s'asseoir dans l'antichambre, et attendit.

Morrel retomba sur sa chaise; ses yeux se portèrent vers la pendule : il lui restait sept minutes, voilà tout; l'aiguille marchait avec une rapidité incroyable; il lui semblait qu'il la voyait aller.

Ce qui se passa alors, et dans ce moment suprême, dans l'esprit de cet homme, qui, jeune encore, à la suite d'un raisonnement faux peut-être, mais spécieux du moins, allait se séparer de tout ce qu'il aimait au monde et quitter la vie, qui avait pour lui toutes les douceurs de la famille, est impossible à exprimer; il eût fallu voir, pour en prendre une idée, son front couvert de sueur, et cependant résigné, ses yeux mouillés de larmes, et cependant levés au ciel.

L'aiguille marchait toujours, les pistolets étaient tout chargés; il allongea la main, en prit un, et murmura le nom d sa fille.

Puis il posa l'arme mortelle, prit la plume, et écrivit quelques mots.

Il lui semblait alors qu'il n'avait pas assez dit adieu à son enfant chérie.

Puis il se retourna vers la pendule; il

ne comptait plus par minute, mais par seconde.

Il reprit l'arme, la bouche entr'ouverte et les yeux fixés sur l'aiguille; puis il tressaillit au bruit qu'il faisait lui-même en armant le chien.

En ce moment une sueur plus froide lui passa sur le front, une angoisse plus mortelle lui serra le cœur.

Il entendit la porte de l'escalier crier sur ses gonds.

Puis s'ouvrir celle de son cabinet.

La pendule allait sonner onze heures.

Morrel ne se retourna point, il attendait ces mots de Coclès :

« Le mandataire de la maison Thomson et French. »

Et il approchait l'arme de sa bouche...

Tout à coup il entendit un cri... c'était la voix de sa fille...

Il se retourna et aperçut Julie, le pistolet lui échappa des mains.

— Mon père! s'écria la jeune fille hors d'haleine et presque mourante de joie, sauvé! vous êtes sauvé!

Et elle se jeta dans ses bras en élevant à la main une bourse rouge en filet de soie.

— Sauvé, mon enfant! dit Morrel, que veux-tu dire?

— Oui, sauvé ! voyez, voyez, dit la jeune fille.

Morrel prit la bourse et tressaillit, car un vague souvenir lui rappela cet objet pour lui avoir appartenu.

D'un côté était la traite de deux cent quatre-vingt-sept mille cinq cents francs.

La traite était acquittée.

De l'autre était un diamant de la grosseur d'une noisette, avec ces trois mots écrits sur un petit morceau de parchemin :

« Dot de Julie. »

Morrel passa sa main sur son front : il croyait rêver.

En ce moment, la pendule sonna onze heures.

Le timbre vibra pour lui comme si chaque coup du marteau d'acier vibrait sur son propre cœur.

— Voyons, mon enfant, dit-il, explique-toi. Où as-tu trouvé cette bourse?

— Dans une maison des allées de Meillan, au numéro 15, sur le coin de la cheminée d'une pauvre petite chambre au cinquième étage.

— Mais, s'écria Morrel, cette bourse n'est pas à toi.

Julie tendit à son père la lettre qu'elle avait reçue le matin.

— Et tu as été seule dans cette maison? dit Morrel après avoir lu.

— Emmanuel m'accompagnait, mon père. Il devait m'attendre au coin de la rue du Musée; mais, chose étrange, à mon retour il n'y était plus.

— Monsieur Morrel! s'écria une voix dans l'escalier, monsieur Morrel!

— C'est sa voix, dit Julie.

— En même temps Emmanuel entra, le visage bouleversé de joie et d'émotion.

— *Le Pharaon!* s'écria-t-il; *le Pharaon!*

— Eh bien quoi? *le Pharaon!* êtes-vous fou, Emmanuel? Vous savez bien qu'il est perdu.

— *Le Pharaon!* monsieur, on signale le *Pharaon!* le *Pharaon* entre dans le port.

Morrel retomba sur sa chaise, les forces lui manquaient; son intelligence se refusait à classer cette suite d'événements incroyables, inouïs, fabuleux.

Mais son fils entra à son tour :

— Mon père, s'écria Maximilien, que disiez-vous donc que *le Pharaon* était perdu? la vigie l'a signalé, et il entre, dit-on, dans le port.

— Mes amis, dit Morrel, si cela était, il faudrait croire à un miracle de Dieu! Impossible! impossible!

Mais ce qui était réel et non moins incroyable, c'était cette bourse qu'il tenait dans ses mains, c'était cette lettre de change acquittée, c'était ce magnifique diamant.

— Ah, monsieur! dit Coclès à son tour, qu'est-ce que cela veut dire, *le Pharaon?*

— Allons, mes enfants, dit Morrel en se soulevant, allons voir, et que Dieu ait pitié de nous, si c'est une fausse nouvelle.

Ils descendirent; au milieu de l'escalier attendait madame Morrel : la pauvre femme n'avait pas osé monter.

En un instant ils furent à la Cannebière.

Il y avait foule sur le port.

Toute cette foule s'ouvrit devant Morrel.

— *Le Pharaon, le Pharaon!* disaient toutes ces voix.

En effet, chose merveilleuse, inouïe, en face de la tour Saint-Jean, un bâtiment, portant sur sa poupe ces mots écrits en lettres blanches : — *Le Pharaon;* Morrel et fils de Marseille, — absolument de la contenance de l'autre *Pharaon*, et chargé comme l'autre de cochenille et d'indigo, jetait l'ancre et carguait ses voiles; sur le pont, le capitaine Gaumard donnait ses ordres, et maître Penelon faisait des signes à M. Morrel.

Il n'y avait plus à en douter, le témoignage des sens était là et dix mille personnes venaient en aide à ce témoignage.

Comme Morrel et son fils s'embrassaient sur la jetée aux applaudissements de toute la ville témoin de ce prodige, un homme, dont le visage était à moitié couvert par une barbe noire, et qui, caché derrière la guérite d'un factionnaire, contemplait cette scène avec attendrissement, murmura ces mots :

— Sois heureux, noble cœur ; sois béni pour tout le bien que tu as fait et que tu feras encore, et que ma reconnaissance reste dans l'ombre comme ton bienfait.

Et avec un sourire où la joie et le bonheur se révélaient, il quitta l'abri où il était caché, et sans que personne fît attention à lui, tant chacun était préoccupé de l'événement du jour, il descendit un de ces petits escaliers qui servent de débarcadère et héla trois fois :

— Jacopo ! Jacopo ! Jacopo !

Alors une chaloupe vint à lui, le reçut à bord, et le conduisit à un yacht richement gréé, sur le pont duquel il s'élança avec la légèreté d'un marin; de là, il regarda encore une fois Morrel qui, pleurant de joie, distribuait de cordiales poignées de main à toute cette foule, et remerciait d'un vague regard ce bienfaiteur inconnu qu'il semblait chercher au ciel.

— Et maintenant, dit l'homme inconnu, adieu bonté, humanité, reconnaissance... adieu à tous les sentiments qui épanouissent le cœur!... Je me suis substitué à la Providence pour récompenser les bons... maintenant, que le Dieu vengeur me cède sa place pour punir les méchants !

A ces mots il fit un signal, et, comme s'il n'eût attendu que ce signal pour partir, le yacht prit aussitôt la mer.

CHAPITRE V.

ITALIE. — SIMBAD LE MARIN.

Vers le commencement de l'année 1838, se trouvaient à Florence deux jeunes gens appartenant à la plus élégante société de Paris, l'un le vicomte Albert de Morcerf, l'autre le baron Franz d'Épinay. Il avait été convenu entre eux qu'ils iraient passer le carnaval de la même année à Rome, où Franz, qui depuis près de quatre ans habitait l'Italie, servirait de cicérone à Albert.

Or, comme ce n'est pas une petite affaire que d'aller passer le carnaval à Rome, surtout quand on tient à ne pas coucher place du Peuple ou dans le Campo-Vaccino, ils écrivirent à maître Pastrini, propriétaire de l'hôtel de Londres, place d'Espagne, pour le prier de leur retenir un appartement confortable.

Maître Pastrini répondit qu'il n'avait plus à leur disposition que deux chambres et un cabinet situés *al secondo piano*, et qu'il offrait moyennant la modique rétribution d'un louis par jour. Les deux jeunes gens acceptèrent ; puis, voulant mettre à profit le temps qui lui restait, Albert partit pour Naples. Quant à Franz, il resta à Florence.

Quand il eut joui quelque temps de la vie que donne la ville des Médicis, quand il se fut bien promené dans cet Éden qu'on nomme les Casines, quand il eut été reçu chez ces hôtes magnifiques qui font les honneurs de Florence, il lui prit fantaisie, ayant déjà vu la Corse, ce berceau de Bonaparte, d'aller voir l'île d'Elbe, ce grand relais de Napoléon.

Un soir donc, il détacha une barchetta de l'anneau de fer qui la scellait au port de Livourne, se coucha au fond dans son manteau, en disant aux mariniers ces seules paroles : — « A l'île d'Elbe ! »

La barque quitta le port comme l'oiseau de mer quitte son nid, et le lendemain elle débarquait Franz à Porto-Ferrajo.

Franz traversa l'île impériale après avoir suivi toutes les traces que les pas du géant y a laissées, et alla s'embarquer à Marciana.

Deux heures après avoir quitté la terre, il la reprit pour descendre à la Pianosa, où l'attendaient, assurait-on, des vols infinis de perdrix rouges.

La chasse fut mauvaise. Franz tua à grand'peine quelques perdrix maigres, et, comme tout chasseur qui s'est fatigué pour rien, il remonta dans sa barque d'assez mauvaise humeur.

— Ah, si Votre Excellence voulait, lui dit le patron, elle ferait une belle chasse!

— Et où cela?

— Voyez-vous cette île? continua le patron en étendant le doigt vers le midi et en montrant une masse conique qui sortait du milieu de la mer teintée du plus bel indigo.

— Eh bien, qu'est-ce que cette île? demanda Franz.

— L'île de Monte-Christo, répondit le Livournais.

— Mais je n'ai pas de permission pour chasser dans cette île.

— Votre Excellence n'en a pas besoin, l'île est déserte.

— Ah, pardieu! dit le jeune homme, une île déserte au milieu de la Méditerranée c'est chose curieuse.

— Et chose naturelle, Excellence. Cette île est un banc de rochers, et, dans toute son étendue, il n'y a peut-être pas un arpent de terre labourable.

— Et à qui appartient cette île?

— A la Toscane.

— Quel gibier y trouverai-je?

— Des milliers de chèvres sauvages.

— Qui vivent en léchant les pierres, dit Franz avec un sourire d'incrédulité.

— Non, mais en broutant les bruyères,

les myrtes, les lentisques qui poussent dans leurs intervalles.

— Mais où coucherai-je?

— A terre dans les grottes, ou à bord dans votre manteau. D'ailleurs, si Son Excellence veut, nous pourrons partir aussitôt après la chasse; elle sait que nous faisons aussi bien voile la nuit que le jour, et qu'à défaut de la voile nous avons les rames.

Comme il restait encore assez de temps à Franz pour rejoindre son compagnon, et qu'il n'avait plus à s'inquiéter de son logement à Rome, il accepta cette proposition de se dédommager de sa première chasse.

Sur sa réponse affirmative, les matelots

échangèrent entre eux quelques paroles à voix basse.

— Eh bien, demanda-t-il, qu'avons-nous de nouveau? serait-il survenu quelque impossibilité?

— Non, reprit le patron; mais nous devons prévenir Votre Excellence que l'île est en contumace.

— Qu'est-ce que cela veut dire?

— Cela veut dire que, comme Monte-Christo est inhabitée, et sert parfois de relâche à des contrebandiers et à des pirates qui viennent de Corse, de Sardaigne ou d'Afrique; si un signe quelconque dénonce notre séjour dans l'île, nous serons forcés, à notre retour à Livourne, de faire une quarantaine de six jours.

— Diable! voilà qui change la thèse! six jours! Juste autant qu'il en a fallu à Dieu pour créer le monde. C'est un peu long, mes enfants.

— Mais qui dira que Son Excellence a été à Monte-Christo?

— Oh, ce n'est pas moi! s'écria Franz.

— Ni nous non plus, firent les matelots.

— En ce cas, va pour Monte-Christo.

Le patron commanda la manœuvre ; on mit le cap sur l'île, et la barque commença de voguer dans sa direction.

Franz laissa l'opération s'achever, et quand on eut pris la nouvelle route, quand la voile se fut gonflée par la brise, et que les trois mariniers eurent repris leurs places, trois à l'avant, un au gouvernail, il renoua la conversation.

— Mon cher Gaetano, dit-il au patron, vous venez de me dire, je crois, que l'île de Monte-Christo servait de refuge à des pirates, ce qui me paraît un bien autre gibier que des chèvres.

— Oui, Excellence, et c'est la vérité.

— Je savais bien l'existence des contrebandiers, mais je pensais que depuis la prise d'Alger et la destruction de la régence, les pirates n'existaient plus que dans les romans de Cooper et du capitaine Marryat.

— Eh bien, Votre Excellence se trompait; il en est des pirates comme des bandits qui sont censés exterminés par le pape Léon XII, et qui cependant arrêtent tous les jours les voyageurs jusqu'aux portes de Rome. N'avez-vous pas entendu dire qu'il y a six mois à peine le chargé d'affaires de France près le Saint-Siége avait été dévalisé à cinq cents pas de Velletri?

— Si fait.

— Eh bien, si comme nous Votre Excellence habitait Livourne, elle entendrait dire de temps en temps qu'un petit bâtiment chargé de marchandises ou qu'un joli yacht anglais, qu'on attendait à Bastia, à Porto-Ferrajo ou à Civita-Vecchia, n'est point arrivé, qu'on ne sait ce qu'il est devenu, et que sans doute il se sera brisé contre quelque rocher. Eh bien, ce rocher qu'il a rencontré, c'est une barque basse et étroite, montée de six ou huit hommes qui l'ont surpris ou pillé par une nuit sombre et orageuse, au détour de quelque îlot sauvage et inhabité, comme des bandits arrêtent et pillent une chaise de poste au coin d'un bois.

— Mais enfin, reprit Franz toujours étendu dans sa barque, comment ceux à qui pareil accident arrive ne se plaignent-ils pas, comment n'appellent-ils pas sur ces pirates la vengeance du gouvernement français, sarde ou toscan?

— Pourquoi ? dit Gaetano avec un sourire.

— Oui, pourquoi ?

— Parce que d'abord on transporte du bâtiment ou du yacht sur la barque tout ce qui est bon à prendre ; puis on lie les pieds et les mains à l'équipage, on attache au cou de chaque homme un boulet de 24, on fait un trou de la grandeur d'une barrique dans la quille du bâtiment capturé, on remonte sur le pont, on ferme les écoutilles et l'on passe sur la barque. Au bout de dix minutes, le bâtiment commence à se plaindre et à gémir. Peu à peu il s'enfonce. D'abord un des côtés plonge, puis l'autre ; puis il se relève, puis il replonge encore, s'enfonçant toujours davantage. Tout à coup un bruit pareil à un coup de canon retentit : c'est l'air qui brise le pont. Alors le bâtiment s'agite comme un noyé qui se débat, s'alourdissant à chaque mouvement. Bientôt l'eau, trop pressée dans les cavités, s'élance des ouvertures, pareille aux colonnes liquides que jetterait par ses évents quelque cachalot gigantesque. Enfin il pousse un dernier râle, fait un dernier tour sur lui-même, et s'engouffre en creusant dans l'abîme un vaste entonnoir qui tournoie un instant, se comble peu à peu, et finit par s'effacer tout à fait, si bien qu'au bout de cinq minutes il faut l'œil de Dieu lui-même pour aller chercher au fond de cette mer calme le bâtiment disparu.

— Comprenez-vous maintenant, ajouta

le patron en souriant, comment le bâtiment ne rentre pas dans le port, et pourquoi l'équipage ne porte pas plainte ?

Si Gaetano eût raconté la chose avant de proposer l'expédition, il est probable que Franz eût regardé à deux fois avant de l'entreprendre ; mais ils étaient partis, et il lui sembla qu'il y aurait lâcheté à reculer. C'était un de ces hommes qui ne courent pas à une occasion périlleuse, mais qui, si cette occasion vient au-devant d'eux, restent d'un sang-froid inaltérable pour la combattre ; c'était un de ces hommes à la volonté calme, qui ne regardent un danger dans la vie que comme un adversaire dans un duel, qui calculent ses mouvements, qui étudient sa force, qui rompent assez pour reprendre haleine et ne pas paraître un lâche, qui, comprenant d'un seul regard tous leurs avantages, tuent d'un seul coup.

— Bah! reprit-il, j'ai traversé la Sicile et la Calabre, j'ai navigué deux mois dans l'Archipel, et je n'ai jamais vu l'ombre d'un bandit ni d'un forban.

— Aussi n'ai-je pas dit cela à Son Excellence, fit Gaetano, pour la faire renoncer à son projet; elle m'a interrogé et je lui ai répondu, voilà tout.

— Oui, mon cher Gaetano, et votre conversation est des plus intéressantes; aussi, comme je veux en jouir le plus long-temps possible, va pour Monte-Christo.

Cependant on approchait rapidement du terme du voyage ; il ventait bon frais, et la barque faisait six à sept milles à l'heure. A mesure qu'on approchait, l'île semblait sortir grandissante du sein de la mer ; et, à travers l'atmosphère limpide des derniers rayons du jour, on distinguait, comme les boulets dans un arsenal, cet amoncellement de rochers empilés les uns sur les autres, et dans les interstices desquels on voyait rougir les bruyères et verdir les arbres. Quant aux matelots, quoiqu'ils parussent parfaitement tranquilles, il était évident que leur vigilance était éveillée, et que leur regard interrogeait le vaste miroir sur lequel ils glissaient, et dont quelques barques de pêcheurs, avec leurs voiles blanches, peuplaient seules l'horizon, se balançant comme des mouettes au bout des flots.

Ils n'étaient plus guère qu'à une quinzaine de milles de Monte-Christo lorsque le soleil commença de se coucher derrière la Corse, dont les montagnes apparaissaient à droite, découpant sur le ciel leur sombre dentelure ; cette masse de pierres, pareille au géant Adamastor, se dressait menaçante devant la barque, à laquelle elle dérobait le soleil dont sa partie supérieure se dorait ; peu à peu l'ombre monta de la mer et sembla chasser devant elle ce dernier reflet du jour qui allait s'éteindre ; enfin le rayon lumineux fut repoussé jusqu'à la cime du cône, où il s'arrêta un instant comme le panache enflammé d'un volcan ; enfin l'ombre, toujours ascendante, envahit progressivement le sommet comme elle avait envahi la base, et l'île n'apparut plus que comme une montagne grise qui allait toujours se rembrunissant. Une demi-heure après, il faisait nuit noire.

Heureusement que les mariniers étaient dans leurs parages habituels, et qu'ils connaissaient jusqu'au moindre rocher de l'archipel toscan; car au milieu de l'obscurité profonde qui enveloppait la barque, Franz n'eût pas été tout à fait sans inquiétude. La Corse avait entièrement disparu, l'île de Monte-Christo était elle-même devenue invisible; mais les matelots semblaient avoir, comme le lynx, la faculté de voir dans les ténèbres, et le pilote, qui se tenait au gouvernail, ne marquait pas la moindre hésitation.

Une heure à peu près s'était écoulée depuis le coucher du soleil, lorsque Franz crut apercevoir à un quart de mille à la gauche une masse sombre ; mais il était si impossible de distinguer ce que c'était, que, craignant d'exciter l'hilarité de ses matelots en prenant quelques nuages flottants pour la terre ferme, il garda le silence. Mais tout à coup une grande lueur apparut sur la rive; la terre pouvait ressembler à un nuage, mais le feu n'était pas un météore.

— Qu'est-ce que cette lumière? demanda-t-il.

— Chut! dit le patron, c'est un feu.

— Mais vous disiez que l'île était inhabitée?

— Je disais qu'elle n'avait pas de population fixe, mais j'ai dit aussi qu'elle est un lieu de relâche pour les contrebandiers.

— Et pour les pirates?

— Et pour les pirates, dit Gaetano répétant les paroles de Franz; c'est pour cela que j'ai donné l'ordre de passer l'île, car, ainsi que vous le voyez, le feu est derrière nous.

— Mais ce feu, continua Franz, me semble plutôt un motif de sécurité que d'inquiétude; des gens qui craindraient d'être vus n'auraient pas allumé ce feu.

— Oh, cela ne veut rien dire! fit Gaetano; si vous pouviez juger, au milieu de l'obscurité, de la position de l'île, vous verriez que, placé comme il l'est, ce feu ne peut être aperçu ni de la côte, ni de la Pianosa, mais seulement de la pleine mer.

— Ainsi vous craignez que ce feu ne nous annonce mauvaise compagnie?

— C'est ce dont il faudra s'assurer, reprit Gaetano les yeux toujours fixés sur cette étoile terrestre.

— Et comment s'en assurer?

— Vous allez voir.

A ces mots, Gaetano tint conseil avec ses compagnons, et, au bout de cinq minutes de discussion, on exécuta en silence une manœuvre à l'aide de laquelle en un instant on eut viré de bord; alors on reprit la route qu'on venait de faire, et, quelques secondes après ce changement de direction, le feu disparut, caché par quelque mouvement de terrain.

Alors le pilote imprima par le gouvernail une nouvelle direction au petit bâtiment, qui se rapprocha visiblement de l'île et qui bientôt ne s'en trouva plus éloigné que d'une cinquantaine de pas.

Gaetano abattit la voile, et la barque resta stationnaire.

Tout cela avait été fait dans le plus grand silence, et d'ailleurs, depuis le changement de route, pas une parole n'avait été prononcée à bord.

Gaetano, qui avait proposé l'expédition, en avait pris toute la responsabilité sur lui. Les quatre matelots ne le quittaient pas des yeux, tout en préparant les avirons et en se tenant évidemment prêts à faire force de rames; ce qui, grâce à l'obscurité, n'était pas difficile.

Quant à Franz, il visitait ses armes avec ce sang-froid que nous lui connaissons; il avait deux fusils à deux coups et une carabine, il les chargea, s'assura des batteries, et attendit.

Pendant ce temps le patron avait jeté bas son caban et sa chemise, assuré son pantalon autour de ses reins, et, comme il était pieds nus, il n'avait eu ni souliers ni bas à défaire. Une fois dans ce costume ou plutôt hors de son costume, il mit un doigt sur ses lèvres, pour faire signe de garder le plus profond silence, et, se laissant couler dans la mer, il nagea vers le rivage avec tant de précaution qu'il était impossible d'entendre le moindre bruit. Seulement, au sillon phosphorescent que dégageaient ses mouvements on pouvait suivre sa trace.

Bientôt ce sillon même disparut : il était évident que Gaetano avait touché terre.

Tout le monde sur le petit bâtiment resta immobile pendant une demi-heure, au bout de laquelle on vit reparaître près du rivage et s'approcher de la barque le même sillon lumineux. Au bout d'un instant et en deux brassées Gaetano avait atteint la barque.

— Eh bien? firent ensemble Franz et les quatre matelots.

— Eh bien! dit-il, ce sont des contrebandiers espagnols; ils ont seulement avec eux deux bandits corses.

— Et que font ces deux bandits corses avec des contrebandiers espagnols?

— Eh! mon Dieu! Excellence, reprit Gaetano d'un ton de profonde charité chrétienne, il faut bien s'aider les uns les autres. Souvent les bandits se trouvent un peu pressés sur terre par les gendarmes ou les carabiniers; eh bien! ils trouvent là une barque, et dans cette barque de bons garçons comme nous. Ils viennent nous demander l'hospitalité dans notre maison flottante. Le moyen de refuser secours à un pauvre diable qu'on poursuit! Nous le recevons, et, pour plus grande sécurité, nous gagnons le large. Cela ne nous coûte rien et sauve la vie, ou, tout au moins, la liberté, à un de nos semblables, qui, dans l'occasion, reconnaît le service que nous lui avons rendu en nous indiquant un bon endroit où nous puissions débarquer nos marchandises sans être dérangés par les curieux.

— Ah çà! dit Franz, vous êtes donc un peu contrebandier vous-même, mon cher Gaetano?

— Eh, que voulez-vous, Excellence! dit-il avec un sourire impossible à décrire, on fait un peu de tout; il faut bien vivre.

— Alors vous êtes en pays de connaissance avec les gens qui habitent Monte-Christo à cette heure ?

— A peu près. Nous autres mariniers, nous sommes comme les francs-maçons, nous nous reconnaissons à certains signes.

— Et vous croyez que nous n'aurions rien à craindre en débarquant à notre tour ?

— Absolument rien, les contrebandiers ne sont pas des voleurs.

— Mais ces deux bandits corses... reprit Franz calculant d'avance toutes les chances de danger.

— Eh ! mon Dieu ! dit Gaetano, ce n'est

pas leur faute s'ils sont bandits, c'est celle de l'autorité.

— Comment cela ?

— Sans doute : on les poursuit pour avoir fait une *peau*, pas autre chose ; comme s'il n'était pas dans la nature du Corse de se venger !

— Qu'entendez-vous par avoir fait une *peau* ? avoir assassiné un homme ? dit Franz continuant ses investigations.

— J'entends avoir tué un ennemi, reprit le patron, ce qui est bien différent.

— Eh bien ! fit le jeune homme, allons demander l'hospitalité aux contrebandiers et aux bandits. Croyez-vous qu'ils nous l'accordent ?

— Sans aucun doute.

— Combien sont-ils?

— Quatre, Excellence, et les deux bandits ça fait six.

— Eh bien! c'est juste notre chiffre; nous sommes même, dans le cas où ces messieurs montreraient de mauvaises dispositions, en force égale, et par conséquent en mesure de les contenir. Ainsi, une dernière fois, va pour Monte-Christo.

— Oui, Excellence; mais vous nous permettrez bien encore de prendre quelques précautions?

— Comment donc, mon cher! soyez sage comme Nestor et prudent comme

Ulysse. Je fais plus que de vous le permettre, je vous y exhorte.

— Eh bien! alors, silence! fit Gaetano.

Tout le monde se tut.

Pour un homme envisageant, comme Franz, toute chose sous son véritable point de vue, la situation, sans être dangereuse, ne manquait pas d'une certaine gravité. Il se trouvait dans l'obscurité la plus profonde, isolé, au milieu de la mer, avec des mariniers qui ne le connaissaient pas et qui n'avaient aucun motif de lui être dévoués, qui savaient qu'il avait dans sa ceinture quelques milliers de francs, et qui avaient dix fois, sinon avec envie, du moins avec curiosité, examiné ses armes, qui étaient fort belles. D'un autre côté il allait aborder, sans autre escorte que ces hommes, dans une île qui portait un nom fort religieux, mais qui ne semblait pas promettre à Franz une autre hospitalité que celle du Calvaire au Christ, grâce à ses contrebandiers et à ses bandits. Puis cette histoire de bâtiments coulés à fond, qu'il avait crue exagérée le jour, lui semblait plus vraisemblable la nuit. Aussi, placé qu'il était entre ce double danger peut-être imaginaire, il ne quittait pas ces hommes des yeux et son fusil de la main.

Cependant les mariniers avaient de nouveau hissé leurs voiles et avaient repris leur sillon déjà creusé en allant et en revenant. A travers l'obscurité, Franz, déjà un peu habitué aux ténèbres, distinguait dans l'obscurité le géant de granit que la barque côtoyait ; puis enfin, en dépassant de nouveau l'angle d'un rocher, il aperçut le feu, qui brillait plus éclatant que jamais, et, autour de ce feu, cinq ou six personnes assises.

La réverbération du foyer s'étendait d'une centaine de pas en mer. Gaetano côtoya la lumière, en faisant toutefois rester la barque dans la partie non éclairée ; puis, lorsqu'elle fut tout à fait en face du foyer, il mit le cap sur lui et entra bravement dans le cercle lumineux en entonnant une chanson de pêcheurs dont il soutenait le chant à lui seul, et dont ses compagnons reprenaient le refrain en chœur.

Au premier mot de la chanson, les hommes assis autour du foyer s'étaient levés et s'étaient approchés du débarcadère, les yeux fixés sur la barque, dont ils s'efforçaient visiblement de juger la force et de deviner les intentions. Bientôt ils parurent avoir fait un examen suffisant et allèrent, à l'exception d'un seul, qui resta debout sur le rivage, se rasseoir autour du feu, devant lequel rôtissait un chevreau tout entier.

Lorsque le bateau fut arrivé à une vingtaine de pas de la terre, l'homme qui était sur le rivage fit machinalement, avec sa carabine, le geste d'une sentinelle qui attend une patrouille et cria Qui vive en patois sarde.

Franz arma froidement ses deux coups.

Gaetano échangea alors avec cet homme quelques paroles auxquelles le voyageur ne comprit rien, mais qui le concernaient évidemment.

— Son Excellence, demanda le patron, veut-elle se nommer ou garder l'incognito?

— Mon nom doit être parfaitement inconnu; dites-leur donc simplement, reprit Franz, que je suis un Français voyageant pour ses plaisirs.

Lorsque Gaetano eut transmis cette réponse, la sentinelle donna un ordre à l'un des hommes assis devant le feu, lequel se leva aussitôt, et disparut dans les rochers.

Il se fit un silence. Chacun semblait

préoccupé de ses affaires : Franz de son débarquement, les matelots de leurs voiles, les contrebandiers de leur chevreau; mais, au milieu de cette insouciance apparente, on s'observait mutuellement.

L'homme qui s'était éloigné reparut tout à coup du côté opposé à celui par lequel il avait disparu. Il fit un signe de la tête à la sentinelle, qui se retourna de notre côté et se contenta de prononcer ces seules paroles : *S'accommodi*.

Le *s'accommodi* italien est intraduisible; il veut dire à la fois : venez; entrez; soyez le bienvenu; faites comme chez vous; vous êtes le maître. C'est comme cette phrase turque de Molière, qui étonnait si fort le bourgeois gentilhomme par la quantité de choses qu'elle contenait.

Les matelots ne se le firent pas dire deux fois : en quatre coups de rames, la barque toucha la terre. Gaetano sauta sur la grève, échangea encore quelques mots à voix basse avec la sentinelle; ses compagnons descendirent l'un après l'autre, puis enfin vint le tour de Franz.

Il avait un de ses fusils en bandoulière, Gaetano avait l'autre, un des matelots tenait sa carabine. Son costume tenait à la fois de l'artiste et du dandy; ce qui n'inspira aux hôtes aucun soupçon, et par conséquent aucune inquiétude.

On amarra la barque au rivage, on fit quelques pas pour chercher un bivouac commode; mais sans doute le point vers lequel on s'acheminait n'était pas dans la convenance du contrebandier qui remplissait le poste de surveillant, car il cria à Gaetano:

— Non point par là, s'il vous plaît.

Gaetano balbutia une excuse et, sans insister davantage, s'avança du côté opposé, tandis que deux matelots, pour éclairer la route, allaient allumer des torches au foyer.

On fit trente pas à peu près et l'on s'arrêta sur une petite esplanade tout entourée de rochers dans lesquels on avait creusé des espèces de siéges, à peu près pareils à de petites guérites où l'on monterait la garde assis. Alentour poussaient, dans des veines de terre végétale, quelques chênes nains et des touffes épaisses de myrtes. Franz abaissa une torche et reconnut, à un amas de cendres, qu'il n'était pas le premier à s'apercevoir du confortable de cette localité, et que ce devait être une des stations habituelles des visiteurs nomades de l'île de Monte-Christo.

Quant à son attente d'événements, elle avait cessé ; une fois le pied sur la terre ferme, une fois qu'il eut vu les dispositions, sinon amicales, du moins indifférentes de ses hôtes, toute sa préoccupation avait disparu, et, à l'odeur du chevreau qui rôtissait au bivouac voisin, la préoccupation s'était changée en appétit.

Il toucha deux mots de ce nouvel incident à Gaetano, qui lui répondit qu'il n'y avait rien de plus simple qu'un souper quand on avait comme eux dans leur barque du pain, du vin, six perdrix et un bon feu pour les faire rôtir.

— D'ailleurs, ajouta-t-il, si Votre Excellence trouve si tentante l'odeur de ce chevreau, je puis aller offrir à nos voisins deux de nos oiseaux pour une tranche de leur quadrupède.

— Faites, Gaetano, faites, dit Franz; vous êtes véritablement né avec le génie de la négociation.

Pendant ce temps les matelots avaient arraché des brassées de bruyères, fait des fagots de myrtes et de chênes verts, auxquels ils avaient mis le feu; ce qui présentait un foyer assez respectable.

Franz attendait donc avec impatience, humant toujours l'odeur du chevreau, le retour du patron, lorsque celui-ci reparut et vint à lui d'un air fort préoccupé.

— Eh bien, demanda-t-il, quoi de nouveau ? on repousse notre offre ?

— Au contraire, fit Gaetano. Le chef, à qui l'on a dit que vous étiez un jeune homme français, vous invite à souper avec lui.

— Eh bien! mais, dit Franz, c'est un homme fort civilisé que ce chef, et je ne vois pas pourquoi je refuserais, d'autant plus que j'apporte ma part du souper.

— Oh! ce n'est pas cela : il a de quoi souper, et au delà; mais c'est qu'il met à votre présentation chez lui une singulière condition.

— Chez lui! reprit le jeune homme; il a donc fait bâtir une maison?

— Non; mais il n'en a pas moins un chez lui fort confortable, à ce qu'on assure du moins.

— Vous connaissez donc ce chef?

— J'en ai entendu parler.

— En bien ou en mal?

— Des deux façons.

— Diable! Et quelle est cette condition?

— C'est de vous laisser bander les yeux et de n'ôter le bandeau que lorsqu'il vous y invitera lui-même.

Franz sonda autant que possible le regard de Gaetano pour savoir ce que cachait cette proposition.

— Ah, dame! reprit celui-ci répondant à la pensée de Franz, je le sais bien, la chose mérite réflexion.

— Que feriez-vous à ma place? fit le jeune homme.

— Moi, qui n'ai rien à perdre, j'irais.

— Vous accepteriez?

— Oui, ne fût-ce que par curiosité.

— Il y a donc quelque chose de curieux à voir chez ce chef?

— Écoutez, dit Gaetano en baissant la voix, je ne sais pas si ce qu'on dit est vrai...

Il s'arrêta en regardant si aucun étranger ne l'écoutait.

— Et que dit-on?

— On dit que ce chef habite un souterrain auprès duquel le palais Pitti est bien peu de chose.

— Quel rêve! dit Franz en se rasseyant.

— Oh! ce n'est pas un rêve, continua le patron, c'est une réalité! Cama, le pilote du *Saint-Ferdinand*, y est entré un jour, et il en est sorti tout émerveillé, en disant qu'il n'y a de pareils trésors que dans les contes de fées.

— Ah çà! mais savez-vous, dit Franz, qu'avec de pareilles paroles vous me feriez descendre dans la caverne d'Ali-Baba !

— Je vous dis ce qu'on m'a dit, Excellence.

— Alors vous me conseillez d'accepter ?

— Oh, je ne dis pas cela ! Votre Excellence fera selon son bon plaisir. Je ne voudrais pas lui donner un conseil dans une semblable occasion.

Franz réfléchit quelques instants, comprit que cet homme si riche ne pouvait lui en vouloir, à lui qui portait seulement quelques mille francs, et comme il n'entrevoyait dans tout cela qu'un excellent souper, il accepta.

Gaetano alla porter sa réponse.

Cependant, nous l'avons dit, Franz

était prudent, aussi voulut-il avoir le plus de détails possible sur son hôte étrange et mystérieux. Il se retourna donc du côté du matelot, qui pendant ce dialogue avait plumé les perdrix avec la gravité d'un homme fier de ses fonctions, et lui demanda dans quoi ces hommes avaient pu aborder, puisqu'on ne voyait ni barques, ni spéronares, ni tartanes.

— Je ne suis pas inquiet de cela, dit le matelot, et je connais le bâtiment qu'ils montent.

— Est-ce un joli bâtiment?

— J'en souhaite un pareil à Votre Excellence pour faire le tour du monde.

— De quelle force est-il?

— Mais de cent tonneaux à peu près. C'est du reste un bâtiment de fantaisie, un yacht, comme disent les Anglais, mais confectionné, voyez-vous, de façon à tenir la mer par tous les temps.

— Et où a-t-il été construit?

— Je l'ignore. Cependant je le crois génois.

— Et comment un chef de contrebandiers, continua Franz, ose-t-il faire construire un yacht destiné à son commerce, dans le port de Gênes?

— Je n'ai pas dit, fit le matelot, que le propriétaire de ce yacht fût un contrebandier.

— Non; mais Gaetano l'a dit, ce me semble.

— Gaetano avait vu l'équipage de loin, mais il n'avait encore parlé à personne.

— Mais si cet homme n'est pas un chef de contrebandiers, quel est-il donc?

— Un riche seigneur qui voyage pour son plaisir.

— Allons, pensa Franz, le personnage n'en est que plus mystérieux, puisque les versions sont différentes.

— Et comment s'appelle-t-il?

— Lorsqu'on le lui demande, il répond

qu'il se nomme Simbad le marin. Mais je doute que ce soit son véritable nom.

— Simbad le marin.

— Oui.

— Et où habite ce seigneur?

— Sur la mer.

— De quel pays est-il?

— Je ne sais pas.

— L'avez-vous vu?

— Quelquefois.

— Quel homme est-ce?

— Votre Excellence en jugera elle-même.

— Et où va-t-il me recevoir?

— Sans doute dans ce palais souterrain dont vous a parlé Gaetano.

— Et vous n'avez jamais eu la curiosité, quand vous avez relâché ici et que vous avez trouvé l'île déserte, de chercher à pénétrer dans ce palais enchanté?

— Oh, si fait, Excellence! reprit le matelot, et plus d'une fois même; mais toujours nos recherches ont été inutiles. Nous avons fouillé la grotte de tous côtés et nous n'avons pas trouvé le plus petit passage. Au reste on dit que la porte ne s'ouvre pas avec une clef, mais avec un mot magique.

— Allons, décidément, murmura Franz, me voilà embarqué dans un conte des *Mille et une Nuits.*

— Son Excellence vous attend, dit derrière lui une voix qu'il reconnut pour celle de la sentinelle.

Le nouveau venu était accompagné de deux hommes de l'équipage du yacht.

Pour toute réponse, Franz tira son mouchoir et le présenta à celui qui lui avait adressé la parole.

— Sans dire une seule parole, on lui banda les yeux avec un soin qui indiquait la crainte qu'il ne commît quelque indiscrétion ; après quoi on lui fit jurer qu'il n'essaierait en aucune façon d'ôter son bandeau.

Il jura.

Alors les deux hommes le prirent chacun par un bras, et il marcha guidé par eux et précédé de la sentinelle.

Après une trentaine de pas, il sentit, à l'odeur de plus en plus appétissante du chevreau, qu'il repassait devant le bivouac; puis on lui fit continuer sa route pendant une cinquantaine de pas encore, en avançant évidemment du côté où l'on n'avait pas voulu laisser pénétrer Gaetano: défense qui s'expliquait maintenant. Bientôt, au changement d'atmosphère, il comprit qu'il entrait dans un souterrain; au bout de quelques secondes de marche il entendit un craquement, et il lui sembla que l'atmosphère changeait encore de nature et devenait tiède et parfumée; enfin il sentit que ses pieds posaient sur un tapis épais et moelleux; ses guides l'abandonnèrent. Il se fit un instant de silence; et une voix dit en bon français, quoique avec un accent étranger :

— Vous êtes le bienvenu chez moi, monsieur, et vous pouvez ôter votre bandeau.

Comme on le pense bien, Franz ne se fit pas répéter deux fois cette invitation; il leva son mouchoir, et se trouva en face d'un homme de trente-huit à quarante ans, portant le costume tunisien, c'est-à-dire une calotte rouge avec un long gland de soie bleue, une veste de drap noir toute brodée d'or, des pantalons sang-de-bœuf larges et bouffants, des guêtres de même couleur brodées d'or comme la veste; et des babouches jaunes ; un magnifique cachemire lui serrait la taille, et un petit cangiar aigu et recourbé était passé dans cette ceinture.

Quoique d'une pâleur presque livide, cet homme avait une figure remarquablement belle ; ses yeux étaient vifs et perçants ; son nez, droit et presque de niveau avec le front, indiquait le type grec dans toute sa pureté, et ses dents blanches comme des perles ressortaient admirablement sous la moustache noire qui les encadrait.

Seulement cette pâleur était étrange ; on eût dit un homme enfermé depuis long-temps dans un tombeau, et qui n'eût pas pu reprendre la carnation des vivants.

Sans être d'une grande taille il était bien fait du reste, et, comme les hommes du Midi, avait les mains et les pieds petits.

Mais ce qui étonna Franz, qui avait traité de rêve le récit de Gaetano, ce fut la somptuosité de l'ameublement.

Toute la chambre était tendue d'étoffe turque de couleur cramoisie et brochée de fleurs d'or. Dans un enfoncement était une espèce de divan surmonté d'un trophée d'armes arabes à fourreaux de vermeil et à poignées resplendissantes de pierreries; au plafond pendait une lampe en verre de Venise, d'une forme et d'une couleur charmantes, et les pieds reposaient sur un tapis de Turquie dans lequel ils enfonçaient jusqu'à la cheville;

des portières pendaient devant la porte par laquelle Franz était entré, et devant une autre porte donnant passage dans une seconde chambre qui paraissait splendidement éclairée.

L'hôte laissa un instant Franz tout à sa surprise, et d'ailleurs il lui rendait examen pour examen, et ne le quittait pas des yeux.

— Monsieur, lui dit-il enfin, mille fois pardon des précautions que l'on a exigées de vous pour vous introduire chez moi ; mais, comme la plupart du temps cette île est déserte, si le secret de cette demeure était connu je trouverais sans doute, en revenant, mon pied-à-terre en assez mauvais état, ce qui me serait fort désagréable, non pas pour la perte que cela me causerait, mais parce que je n'aurais pas la certitude de pouvoir, quand je le veux, me séparer du reste de la terre. Maintenant je vais tâcher de vous faire oublier ce petit désagrément, en vous offrant ce que vous n'espériez certes pas trouver ici, c'est-à-dire un souper passable et d'assez bons lits.

— Ma foi, mon cher hôte, répondit Franz, il ne faut pas vous excuser pour cela. J'ai toujours vu que l'on bandait les yeux aux gens qui pénétraient dans les palais enchantés, voyez plutôt Raoul dans les *Huguenots*, et, véritablement, je n'ai pas à me plaindre, car ce que vous me montrez fait suite aux merveilles des *Mille et une Nuits*.

— Hélas ! je vous dirai comme Lucullus : Si j'avais su avoir l'honneur de votre visite, je m'y serais préparé. Mais, enfin, tel qu'est mon ermitage, je le mets à votre disposition ; tel qu'il est, mon souper vous est offert. Ali, sommes-nous servis ?

Presque au même instant la portière se souleva, et un nègre nubien, noir comme l'ébène et vêtu d'une simple tunique blanche, fit signe à son maître qu'il pouvait passer dans la salle à manger.

— Maintenant, dit l'inconnu à Franz, je ne sais si vous êtes de mon avis, mais je trouve que rien n'est gênant comme de rester deux ou trois heures en tête-à-tête sans savoir de quel nom ou de quel titre s'appeler. Remarquez que je respecte trop les lois de l'hospitalité pour vous demander ou votre nom ou votre titre ; je vous prie seulement de me désigner une appellation quelconque, à l'aide de laquelle je puisse vous adresser la parole. Quant à moi, pour vous mettre à votre aise je vous dirai que l'on a l'habitude de m'appeler Simbad le marin.

— Et moi, reprit Franz, je vous dirai que, comme il ne me manque, pour être dans la situation d'Aladin, que la fameuse lampe merveilleuse, je ne vois aucune difficulté à ce que, pour le moment, vous m'appeliez Aladin. Cela ne nous sortira pas de l'Orient, où je suis tenté de croire que j'ai été transporté par la puissance de quelque bon génie.

— Eh bien, seigneur Aladin, fit l'étrange amphitryon, vous avez entendu que nous étions servis, n'est-ce pas! veuillez donc prendre la peine d'entrer dans la salle à manger; votre très-humble serviteur passe devant vous pour vous montrer le chemin.

Et à ces mots, soulevant la portière, Simbad passa effectivement devant Franz.

Franz marchait d'enchantements en enchantements : la table était splendidement servie. Une fois convaincu de ce point important, il porta les yeux autour de lui. La salle à manger était moins splendide que le boudoir qu'il venait de quitter ; elle était tout en marbre avec des bas-reliefs antiques du plus grand prix, et aux deux extrémités de cette salle, qui était oblongue, deux magnifiques statues portaient des corbeilles sur leurs têtes. Ces corbeilles contenaient deux pyramides de fruits magnifiques; c'étaient des ananas de Sicile, des grenades de Malaga, des oranges des îles Baléares, des pêches de France et des dattes de Tunis.

Quant au souper, il se composait d'un faisan rôti entouré de merles de Corse, d'un jambon de sanglier à la gelée, d'un quartier de chevreau à la tartare, d'un turbot magnifique, et d'une gigantesque langouste.

Les intervalles des grands plats étaient remplis par de petits plats contenant les entremets.

Les plats étaient en argent, les assiettes en porcelaine du Japon.

Franz se frotta les yeux pour s'assurer qu'il ne rêvait pas.

Ali seul était admis à faire le service et s'en acquittait fort bien. Le convive en fit compliment à son hôte.

— Oui, reprit celui-ci tout en faisant les honneurs de son souper avec la plus grande aisance, oui, c'est un pauvre diable qui m'est fort dévoué et qui fait de son mieux. Il se souvient que je lui ai sauvé la vie, et comme il tenait à sa tête, à ce qu'il paraît, il m'a gardé quelque reconnaissance de la lui avoir conservée.

Ali s'approcha de son maître, lui prit la main et la baisa.

— Et serait-ce trop indiscret, seigneur Simbad, dit Franz, de vous demander en quelle circonstance vous avez fait cette belle action ?

— Oh, mon Dieu ! c'est bien simple, répondit l'hôte. Il paraît que le drôle avait rôdé plus près du sérail du bey de Tunis qu'il n'était convenable de le faire à un gaillard de sa couleur ; de sorte qu'il avait été condamné par le bey à avoir la langue, la main et la tête tranchées : la langue le premier jour, la main le second, et la tête le troisième. J'avais toujours eu envie d'avoir un muet à mon service ; j'attendis qu'il eut la langue coupée, et j'allai proposer au bey de me le donner pour un magnifique fusil à deux coups qui la veille m'avait paru éveiller les désirs de Sa Hautesse. Il balança un instant, tant il tenait à en finir avec ce pauvre diable. Mais j'ajoutai à ce fusil un couteau de chasse anglais avec lequel j'avais haché le yatagan de Sa Hautesse ; de sorte que le bey se décida à lui faire grâce de la main et de la tête, mais à la condition qu'il ne remettrait jamais le pied à Tunis. La recommandation était inutile. Du plus loin que le mécréant aperçoit les côtes d'Afrique il se sauve à fond de cale, et l'on ne peut le faire sortir de là que lorsqu'on est hors de vue de la troisième partie du monde.

Franz resta un instant muet et pensif, cherchant ce qu'il devait penser de la bonhomie cruelle avec laquelle son hôte venait de lui faire ce récit.

— Et comme l'honorable marin dont vous avez pris le nom, dit-il en changeant la conversation, vous passez votre vie à voyager ?

— Oui ; c'est un vœu que j'ai fait dans un temps où je ne pensais guère pouvoir l'accomplir, dit l'inconnu en souriant. J'en ai fait quelques-uns comme cela, et qui, je l'espère, s'accompliront tous à leur tour.

Quoique Simbad eût prononcé ces mots avec le plus grand sang-froid, ses yeux avaient lancé un regard de férocité étrange.

— Vous avez beaucoup souffert, monsieur? lui dit Franz.

Simbad tressaillit et le regarda fixement.

— A quoi voyez-vous cela? demanda-t-il.

— A tout, reprit Franz; à votre voix, à votre regard, à votre pâleur, et à la vie même que vous menez.

— Moi! je mène la vie la plus heureuse que je connaisse, une véritable vie de pacha; je suis le roi de la création : je me plais dans un endroit, j'y reste; je m'ennuie, je pars; je suis libre comme l'oiseau, j'ai des ailes comme lui; les gens qui m'entourent m'obéissent sur un signe.

De temps en temps je m'amuse à railler la justice humaine en lui enlevant un bandit qu'elle cherche, un criminel qu'elle poursuit. Puis j'ai ma justice à moi, basse et haute, sans sursis et sans appel, qui condamne ou qui absout, et à laquelle personne n'a rien à voir. Ah! si vous aviez goûté de ma vie, vous n'en voudriez plus d'autre; et vous ne rentreriez jamais dans le monde, à moins que vous n'eussiez quelque grand projet à y accomplir.

— Une vengeance, par exemple! dit Franz.

L'inconnu fixa sur le jeune homme un de ces regards qui plongent au plus profond du cœur et de la pensée.

— Et pourquoi une vengeance? demanda-t-il.

— Parce que, reprit Franz, vous m'avez l'air d'un homme qui, persécuté par la société, a un compte terrible à régler avec elle.

— Eh bien, fit Simbad en riant de son rire étrange qui montrait ses dents blanches et aiguës, vous n'y êtes pas; tel que vous me voyez, je suis une espèce de philanthrope et peut-être un jour irai-je à Paris pour faire concurrence à M. Appert et à l'Homme au Petit Manteau Bleu !

— Et ce sera la première fois que vous ferez ce voyage?

— Oh ! mon Dieu oui ! J'ai l'air d'être bien peu curieux, n'est-ce pas ! mais je vous assure qu'il n'y a pas de ma faute si j'ai tant tardé, cela viendra un jour ou l'autre !

— Et comptez-vous faire bientôt ce voyage ?

— Je ne sais encore ; il dépend de circonstances soumises à des combinaisons incertaines.

— Je voudrais y être à l'époque où vous y viendrez, je tâcherais de vous rendre, en tant qu'il serait en mon pouvoir, l'hospitalité que vous me donnez si largement à Monte-Christo.

— J'accepterais votre offre avec un grand plaisir, reprit l'hôte; mais, malheureusement, si j'y vais, ce sera peut-être incognito.

Cependant le souper s'avançait, et paraissait avoir été servi à la seule intention de Franz; car à peine si l'inconnu avait touché du bout des dents à un ou deux plats du splendide festin qu'il lui avait offert, et auquel son convive inattendu avait fait si largement honneur. Enfin Ali apporta le dessert, ou plutôt prit les corbeilles des mains des statues et les posa sur la table.

Entre les deux corbeilles il plaça une petite coupe de vermeil fermée par un couvercle de même métal.

Le respect avec lequel Ali avait apporté cette coupe piqua la curiosité de Franz. Il leva le couvercle et vit une espèce de pâte verdâtre qui ressemblait à des confitures d'angélique, mais qui lui était parfaitement inconnue.

Il replaça le couvercle, aussi ignorant de ce que la coupe contenait après avoir remis le couvercle qu'avant de l'avoir levé, et, en reportant les yeux sur son hôte, il le vit sourire de son désappointement.

— Vous ne pouvez pas deviner, lui dit celui-ci, quelle espèce de comestible contient ce petit vase, et cela vous intrigue, n'est-ce pas?

— Je l'avoue.

— Eh bien, cette sorte de confiture verte n'est ni plus ni moins que l'ambroisie qu'Hébé servait à la table de Jupiter !

— Mais cette ambroisie, dit Franz, a sans doute, en passant par la main des hommes, perdu son nom céleste pour prendre un nom humain ; en langue vulgaire, comment cet ingrédient, pour lequel au reste je ne me sens pas une grande sympathie, s'appelle-t-il ?

— Eh ! voilà justement ce qui révèle notre origine matérielle, s'écria Simbad ; souvent nous passons ainsi auprès du bonheur sans le voir, sans le regarder, ou, si nous l'avons vu et regardé, sans le reconnaître. Êtes-vous un homme positif et l'or est-il votre dieu, goûtez à ceci, et les mines du Pérou, de Guzerate et de Golconde vous seront ouvertes. Êtes-vous un homme d'imagination, êtes-vous poète, goûtez encore à ceci, et les barrières du possible disparaîtront; les champs de l'infini vont s'ouvrir, vous vous promènerez libre de cœur, libre d'esprit, dans le domaine sans bornes de la rêverie. Êtes-vous ambitieux, courez-vous après les grandeurs de la terre, goûtez de ceci toujours, et dans une heure vous serez roi, non pas roi d'un petit royaume caché dans un coin de l'Europe, comme la France, l'Espagne ou l'Angleterre, mais roi du monde, roi de l'univers, roi de la création. Votre trône sera dressé sur la montagne où Satan emporta Jésus; et, sans avoir besoin de lui faire hommage, sans être forcé de lui baiser la griffe, vous serez le souverain maître de tous les royaumes de la terre. N'est-ce pas tentant, ce que je vous offre là, dites, et n'est-ce pas une chose bien facile puisqu'il n'y a que cela à faire? regardez.

A ces mots, il découvrit à son tour la petite coupe de vermeil qui contenait la substance tant louée, prit une cuillerée à café des confitures magiques, la porta à sa bouche et la savoura lentement les yeux à moitié fermés et la tête renversée en arrière.

Franz lui laissa tout le temps d'absorber son mets favori; puis, lorsqu'il le vit un peu revenu à lui :

— Mais, enfin, dit-il, qu'est-ce que ce mets si précieux ?

— Avez-vous entendu parler du Vieux de la Montagne, lui demanda son hôte, le même qui voulut faire assassiner Philippe-Auguste?

— Sans doute.

— Eh bien, vous savez qu'il régnait sur une riche vallée qui dominait la montagne d'où il avait pris son nom pittoresque. Dans cette vallée étaient de magnifiques jardins plantés par Hassen-ben-Sabah, et dans ces jardins des pavillons isolés. C'est dans ces pavillons qu'il faisait entrer ses élus, et là il leur faisait manger, dit Marco Polo, une certaine herbe qui les transportait dans le Paradis, au milieu de plantes toujours fleuries, de fruits toujours mûrs, de femmes toujours vierges.

Or ce que ces jeunes gens bienheureux prenaient pour la réalité, c'était un rêve; mais un rêve si doux, si enivrant, si voluptueux, qu'ils se vendaient corps et âme à celui qui le leur avait donné, et qu'obéissant à ses ordres comme à ceux de Dieu ils allaient frapper au bout du monde la victime indiquée, mourant dans les tortures sans se plaindre, à la seule idée que la mort qu'ils subissaient n'était qu'une transition à cette vie de délices dont cette herbe sainte, servie devant vous, leur avait donné un avant-goût.

— Alors, s'écria Franz, c'est du hatchis; oui! je connais cela, de nom du moins.

— Justement vous avez dit le mot,

seigneur Aladin, c'est du hatchis, tout ce qui se fait de meilleur et de plus pur en hatchis à Alexandrie, du hatchis d'Abou-Gor, le grand faiseur, l'homme unique, l'homme à qui l'on devrait bâtir un palais avec cette inscription : *Au marchand du bonheur le monde reconnaissant.*

— Savez-vous, lui dit Franz, que j'ai bien envie de juger par moi-même de la vérité ou de l'exagération de vos éloges?

— Jugez par vous-même, mon hôte, jugez, mais ne vous en tenez pas à une première expérience. Comme en toute chose, il faut habituer les sens à une impression nouvelle, douce ou violente, triste ou joyeuse. Il y a une lutte de la nature contre cette divine substance, de la nature qui n'est pas faite pour la joie et qui se cramponne à la douleur. Il faut que la nature vaincue succombe dans le combat, il faut que la réalité succède au rêve; et alors le rêve règne en maître, alors c'est le rêve qui devient la vie et la vie qui devient le rêve : mais quelle différence dans cette transfiguration! c'est-à-dire qu'en comparant les douleurs de l'existence réelle aux jouissances de l'existence factice vous ne voudrez plus vivre jamais, et que vous voudrez rêver toujours. Quand vous quitterez votre monde à vous pour le monde des autres, il vous semblera passer d'un printemps napolitain à un hiver lapon, il vous semblera quitter le paradis pour la terre, le ciel pour l'enfer. Goûtez du hatchis, mon hôte! goûtez-en !

Pour toute réponse, Franz prit une cuillerée de cette pâte merveilleuse, mesurée sur celle qu'avait prise son amphitryon, et la porta à sa bouche.

— Diable! fit-il après avoir avalé ces confitures divines, je ne sais pas encore si le résultat sera aussi agréable que vous le dites, mais la chose ne me paraît pas aussi succulente que vous l'affirmez.

— Parce que les houppes de votre palais ne sont pas encore faites à la sublimité de la substance qu'elles dégustent. Dites-moi, est-ce que dès la première fois vous avez aimé les huîtres, le thé, le porter, les truffes, toutes choses que vous avez adorées par la suite? est-ce que vous comprenez les Romains qui assaisonnaient les faisans avec de l'assa fœtida, et les Chinois qui mangent des nids d'hirondelles? eh! mon Dieu, non. Eh bien! il en est de même du hatchis : mangez-en huit jours de suite seulement, nulle nourriture au monde ne vous paraîtra atteindre à la finesse de ce goût qui vous paraît peut-être aujourd'hui fade et nauséabond. D'ailleurs passons dans la chambre à côté, c'est-à-dire dans votre chambre, et Ali va nous servir le café et nous donner des pipes.

Tous deux se levèrent, et, pendant que celui qui s'était donné le nom de Simbad, et que nous avons ainsi nommé de temps en temps, de façon à pouvoir, comme son convive, lui donner une dénomination quelconque, donnait quelques ordres à son domestique, Franz entra dans la chambre attenante.

Celle-ci était d'un ameublement plus simple quoique non moins riche. Elle était de forme ronde, et un grand divan régnait tout alentour. Mais divan, murailles, plafonds et parquets étaient tout tendus de peaux magnifiques, douces et moelleuses comme les plus moelleux tapis; c'étaient des peaux de lions de l'Atlas aux puissantes crinières, c'étaient des peaux de tigres du Bengale aux chaudes rayures, des peaux de panthères du Cap tachetées joyeusement comme celle qui apparaît au Dante; enfin des peaux d'ours de Sibérie, des renards de Norwége, et toutes ces peaux étaient jetées en profusion les unes sur les autres, de façon qu'on eût cru marcher sur le gazon le plus épais, et reposer sur le lit le plus soyeux.

Tous deux se couchèrent sur le divan; des chibouques aux tuyaux de jasmin et aux bouquins d'ambre étaient à la portée de la main, et toutes préparées pour qu'on n'eût pas besoin de fumer deux fois dans la même. Ils en prirent chacun une. Ali les alluma, et sortit pour aller chercher le café.

Il y eut un moment de silence, pendant lequel Simbad se laissa aller aux pensées qui semblaient l'occuper sans cesse, même au milieu de sa conversation, et Franz s'abandonna à cette rêverie muette dans laquelle on tombe presque toujours en fumant d'excellent tabac qui semble emporter avec la fumée toutes les peines de l'esprit et rendre, en échange, au fumeur tous les rêves de l'âme.

Ali apporta le café.

— Comment le prendrez-vous? dit l'inconnu : à la française ou à la turque, fort ou léger, sucré ou non sucré, passé ou bouilli? à votre choix : il y en a de préparé de toutes les façons.

— Je le prendrai à la turque, répondit Franz.

— Et vous avez raison, s'écria son hôte; cela prouve que vous avez des dispositions pour la vie orientale. Ah! les Orientaux, voyez-vous, ce sont les seuls hommes qui sachent vivre! Quant à moi, ajouta-t-il avec un de ces singuliers sourires qui n'échappaient pas au jeune homme, quand j'aurai fini mes affaires à Paris j'irai mourir en Orient; et si vous voulez me retrouver alors, il faudra venir me chercher au Caire, à Bagdad, ou à Ispahan.

— Ma foi, dit Franz, ce sera la chose du monde la plus facile, car je crois qu'il me pousse des ailes d'aigle, et, avec ces ailes, je ferais le tour du monde en vingt-quatre heures.

— Ah! ah! c'est le hatchis qui opère; eh bien! ouvrez vos ailes et envolez-vous dans les régions surhumaines; ne craignez rien, on veille sur vous, et si, comme celles d'Icare, vos ailes fondent au soleil, nous sommes là pour vous recevoir.

Alors il dit quelques mots arabes à Ali, qui fit un geste d'obéissance et se retira mais sans s'éloigner.

Quant à Franz, une étrange transformation s'opérait en lui. Toute la fatigue physique de la journée, toute la préoccupation d'esprit qu'avaient fait naître les événements du soir disparaissaient comme dans ce premier moment de repos où l'on vit encore assez pour sentir venir le sommeil. Son corps semblait acquérir une légèreté immatérielle, son esprit s'éclaircissait d'une façon inouïe, ses sens semblaient doubler leurs facultés; l'horizon allait toujours s'élargissant, mais non plus cet horizon sombre sur lequel planait une vague terreur et qu'il avait vu avant son sommeil, mais un horizon bleu, transparent, vaste, avec tout ce que la mer a d'azur, avec tout ce que le soleil a de paillettes, avec tout ce que la brise a de parfums; puis, au milieu des chants de ses matelots, chants si limpides et si clairs qu'on en eût fait une harmonie divine si l'on eût pu les noter, il voyait apparaître l'île de Monte-Christo, non plus comme un écueil menaçant sur les vagues, mais comme une oasis perdue dans le désert; puis, à mesure que la barque approchait, les chants devenaient plus nombreux, car une harmonie enchanteresse et mystérieuse montait de cette île à Dieu, comme si quelque fée, comme Lorelay, ou quelque enchanteur, comme Amphion, eût voulu y attirer une âme ou y bâtir une ville.

Enfin la barque toucha la rive, mais

sans effort, sans secousse, comme les lèvres touchent les lèvres, et il entra dans la grotte sans que cette musique charmante cessât. Il descendit, ou plutôt il lui sembla descendre quelques marches, respirant cet air frais et embaumé comme celui qui devait régner autour de la grotte de Circé, fait de tels parfums qu'ils font rêver l'esprit, de telles ardeurs qu'ils font brûler les sens, et il revit tout ce qu'il avait vu avant son sommeil, depuis Simbad, l'hôte fantastique, jusqu'à Ali, le serviteur muet; puis tout sembla s'effacer et se confondre sous ses yeux comme les dernières ombres d'une lanterne magique qu'on éteint, et il se retrouva dans la chambre aux statues, éclairée seulement d'une de ces lampes antiques et pâles qui veillent au milieu de la nuit sur le sommeil ou la volupté.

C'étaient bien les mêmes statues riches de formes, de luxure et de poésie, aux yeux magnétiques, aux sourires lascifs, aux chevelures opulentes. C'étaient Phryné, Cléopâtre, Messaline, ces trois grandes courtisanes; puis au milieu de ces ombres impudiques se glissait, comme un rayon pur, comme un ange chrétien au milieu de l'Olympe, une de ces figures chastes, une de ces ombres calmes, une de ces visions douces qui semblait voiler son front virginal sous toutes ces impuretés de marbre.

Alors il lui parut que ces trois statues avaient réuni leurs trois amours pour un seul homme, et que cet homme c'était lui, qu'elles s'approchaient du lit où il rêvait un second sommeil, les pieds perdus dans leurs longues tuniques blanches, la gorge nue, les cheveux se déroulant comme une onde, avec une de ces poses auxquelles succombaient les dieux, mais auxquelles résistaient les saints, avec un de ces regards inflexibles et ardents comme celui du serpent sur l'oiseau, et qu'il s'abandonnait à ces regards douloureux comme une étreinte, voluptueux comme un baiser.

Il sembla à Franz qu'il fermait les yeux, et qu'à travers le dernier regard qu'il jetait autour de lui il entrevoyait la statue pudique qui se voilait entièrement; puis, ses yeux fermés aux choses réelles, ses sens s'ouvrirent aux impressions impossibles.

Alors ce fut une volupté sans trêve, un amour sans repos comme celui que promettait le prophète à ses élus. Alors toutes ces bouches de pierre se firent vivantes, toutes ces poitrines se firent chaudes, au point que pour Franz, subissant pour la première fois l'empire du hatchis, cet amour était presque une douleur, cette volupté presque une torture, lorsqu'il sentait passer sur sa bouche altérée les lèvres de ces statues, souples et froides comme les anneaux d'une couleuvre. Mais plus ses bras tentaient de repousser cet amour inconnu, plus ses sens subissaient le charme de ce songe mystérieux, si bien qu'après une lutte pour laquelle on eût donné son âme, il s'abandonna sans réserve et finit par retomber haletant, brûlé de fatigue, épuisé de volupté, sous les baisers de ces maîtresses de marbre, et sous les enchantements de ce rêve inouï.

CHAPITRE VI.

RÉVEIL.

Lorsque Franz revint à lui, les objets extérieurs semblaient une seconde partie de son rêve; il se crut dans un sépulcre où pénétrait à peine, comme un regard de pitié, un rayon de soleil; il étendit la main et sentit de la pierre; il se mit sur son séant : il était couché dans son burnous sur un lit de bruyères sèches fort doux et fort odoriférant.

Toute vision avait disparu, et, comme si les statues n'eussent été que des ombres sorties de leurs tombeaux pendant son rêve, elles s'étaient enfuies à son réveil.

Il fit quelques pas vers le point d'où venait le jour ; à toute l'agitation du songe succédait le calme de la réalité. Il se vit dans une grotte, s'avança du côté de l'ouverture, et, à travers la porte cintrée aperçut un ciel bleu et une mer d'azur. L'air et l'eau resplendissaient aux rayons du soleil du matin ; sur le rivage, les matelots étaient assis causant et riant : à dix pas en mer la barque se balançait gracieusement sur son ancre.

Alors il savoura quelque temps cette brise fraîche qui lui passait sur le front ; il écouta le bruit affaibli de la vague qui se mouvait sur le bord, et laissait sur les roches une dentelle d'écume blanche comme de l'argent ; il se laissa aller sans réfléchir, sans penser à ce charme divin qu'il y a dans les choses de la nature, surtout lorsqu'on sort d'un rêve fantastique ; puis peu à peu cette vie du dehors, si calme, si pure, si grande, lui rappela l'invraisemblance de son sommeil, et les souvenirs commencèrent à rentrer dans sa mémoire.

Il se souvint de son arrivée dans l'île, de sa présentation à un chef de contrebandiers, d'un palais souterrain plein de splendeurs, d'un souper excellent et d'une cuillerée de hatchis.

Seulement, en face de cette réalité de plein jour, il lui semblait qu'il y avait au moins un an que toutes ces choses s'étaient passées, tant le rêve qu'il avait fait était vivant dans sa pensée et prenait d'importance dans son esprit. Aussi de temps en temps son imagination faisait asseoir au milieu des matelots, ou traverser un rocher, ou se balancer sur la barque, une de ces ombres qui avaient étiolé sa nuit de leurs regards et de leurs baisers. Du reste, il avait la tête parfaitement libre et le corps parfaitement reposé, aucune lourdeur dans le cerveau; mais, au contraire, un certain bien-être général, une faculté d'absorber l'air et le soleil plus grande que jamais.

Il s'approcha donc gaiement de ses matelots.

Dès qu'ils le revirent ils se levèrent, et le patron s'approcha de lui.

— Le seigneur Simbad, lui dit-il, nous a chargé de tous ses compliments pour Votre Excellence, et nous a dit de lui exprimer le regret qu'il a de ne pouvoir prendre congé d'elle; mais il espère que vous l'excuserez quand vous saurez qu'une affaire très-pressante l'appelle à Malaga.

— Ah çà, mon cher Gaetano, dit Franz, tout cela est donc véritablement une réalité, il existe un homme qui m'a reçu dans cette île, qui m'y a donné une hospitalité royale, et qui est parti pendant mon sommeil?

— Il existe si bien, que voilà son petit yacht qui s'éloigne, toutes voiles dehors, et que, si vous voulez prendre votre lunette d'approche, vous reconnaîtrez, selon toute probabilité, votre hôte au milieu de son équipage.

Et en disant ces paroles, Gaetano étendait le bras dans la direction d'un petit bâtiment qui faisait voile vers la pointe méridionale de la Corse.

Franz tira sa lunette, la mit à son point de vue, et la dirigea vers l'endroit indiqué.

Gaetano ne se trompait pas. Sur l'arrière du bâtiment, le mystérieux étranger se tenait debout tourné de son côté, et tenant comme lui une lunette à la main; il avait en tout point le costume sous lequel il était apparu la veille à son convive, et agitait un mouchoir en signe d'adieu.

Franz lui rendit son salut en tirant à son tour son mouchoir et en l'agitant comme il agitait le sien.

Au bout d'une seconde, un léger nuage de fumée se dessina à la poupe du bâtiment, se détacha gracieusement de l'arrière, et monta lentement vers le ciel, puis une faible détonation arriva jusqu'à Franz.

— Tenez, entendez-vous, dit Gaetano, le voilà qui vous dit adieu!

Le jeune homme prit sa carabine et la déchargea en l'air, mais sans espérance que le bruit pût franchir la distance qui séparait le yacht de la côte.

— Qu'ordonne Votre Excellence? dit Gaetano.

— D'abord que vous m'allumiez une torche.

— Ah! oui, je comprends, reprit le patron, pour chercher l'entrée de l'appartement enchanté. Bien du plaisir, Excellence, si la chose vous amuse, et je vais vous donner la torche demandée. Mais, moi aussi, j'ai été possédé de l'idée qui vous tient, et je m'en suis passé la fantaisie trois ou quatre fois; mais j'ai fini par y renoncer. Giovanni, ajouta-t-il, allume une torche, et apporte-la à Son Excellence.

Giovanni obéit. Franz prit la torche et entra dans le souterrain suivi de Gaetano.

Il reconnut la place où il s'était réveillé à son lit de bruyères encore tout froissé ; mais il eut beau promener sa torche sur toute la surface extérieure de la grotte, il ne vit rien, si ce n'est, à des traces de fumée, que d'autres avant lui avaient déjà tenté inutilement la même investigation.

Cependant il ne laissa pas un pied de cette muraille granitique, impénétrable comme l'avenir, sans l'examiner; il ne vit pas une gerçure qu'il n'y introduisît la lame de son couteau de chasse; il ne remarqua pas un point saillant qu'il n'appuyât dessus, dans l'espoir qu'il céderait; mais tout fut inutile, et il perdit, sans aucun résultat, deux heures à cette recherche.

Au bout de ce temps il y renonça, Gaetano était triomphant.

Quand Franz revint sur la plage, le yacht n'apparaissait plus que comme un petit point blanc à l'horizon; il eut recours à sa lunette, mais même avec l'instrument il était impossible de rien distinguer.

Gaetano lui rappela qu'il était venu

pour chasser des chèvres, ce qu'il avait complétement oublié. Il prit son fusil et se mit à parcourir l'île de l'air d'un homme qui accomplit un devoir plutôt qu'il ne prend un plaisir, et au bout d'un quart d'heure il avait tué une chèvre et deux chevreaux. Mais ces chèvres, quoique sauvages et alertes comme des chamois, avaient une trop grande ressemblance avec nos chèvres domestiques, et Franz ne les regardait pas comme un gibier.

Puis des idées bien autrement puissantes préoccupaient son esprit. Depuis la veille il était véritablement le héros d'un conte des *Mille et une Nuits*, et invinciblement il était ramené vers la grotte.

Alors, malgré l'inutilité de sa première

perquisition, il en recommença une seconde, après avoir dit à Gaetano de faire rôtir un des deux chevreaux. Cette seconde visite dura assez long-temps, car lorsqu'il revint le chevreuil était rôti et le déjeuner était prêt.

Franz s'assit à l'endroit où la veille on était venu l'inviter à souper de la part de cet hôte mystérieux, et il aperçut encore, comme une mouette bercée au sommet d'une vague, le petit yacht qui continuait de s'avancer vers la Corse.

— Mais, dit-il à Gaetano, vous m'avez annoncé que le seigneur Simbad faisait voile pour Malaga, tandis qu'il me semble à moi qu'il se dirige directement vers Porto-Vecchio.

— Ne vous rappelez-vous plus, reprit le patron, que parmi les gens de son équipage je vous ai dit qu'il y avait pour le moment deux bandits corses ?

— C'est vrai ! et il va les jeter sur la côte, fit Franz.

— Justement. Ah ! c'est un individu, s'écria Gaetano, qui ne craint ni Dieu ni diable, à ce qu'on dit, et qui se dérangera de cinquante lieues de sa route pour rendre service à un pauvre homme.

— Mais ce genre de service pourrait bien le brouiller avec les autorités du pays où il exerce ce genre de philanthropie, dit Franz.

— Ah bien ! dit Gaetano en riant, qu'est-ce que ça lui fait à lui, les autorités ! il s'en moque pas mal ! On n'a qu'à essayer de le poursuivre. D'abord son yacht n'est pas un navire, c'est un iseau, et il rendrait trois nœuds sur douze à une frégate ; et puis il n'a qu'à se jeter lui-même à la côte, est-ce qu'il ne trouvera pas partout des amis ?

Ce qu'il y avait de plus clair dans tout cela, c'est que le seigneur Simbad, l'hôte de Franz, avait l'honneur d'être en relation avec les contrebandiers et les bandits de toutes les côtes de la Méditerranée ; ce qui ne laissait pas que d'établir pour lui une position assez étrange.

Quant à Franz, rien ne le retenait plus à Monte-Christo ; il avait perdu tout espoir de trouver le secret de la grotte; il se hâta donc de déjeuner en ordonnant à ses hommes de tenir leur barque prête pour le moment où il aurait fini.

Une demi-heure après il était à bord.

Il jeta un dernier regard sur le yacht : il était prêt à disparaître dans le golfe de Porto-Vecchio.

Il donna le signal du départ.

Au moment où la barque se mettait en mouvement le yacht disparaissait.

Avec lui s'effaçait la dernière réalité de la nuit précédente : aussi souper, Simbad, hatchis et statues, tout commençait pour Franz à se fondre dans le même rêve.

La barque marcha toute la journée et toute la nuit; et le lendemain, quand le soleil se leva, c'était l'île de Monte-Christo qui avait disparu à son tour.

Une fois que Franz eut touché terre, il oublia, momentanément du moins, les événements qui venaient de se passer pour terminer ses affaires de plaisir et de politesse à Florence et ne s'occuper que de rejoindre son compagnon qui l'attendait à Rome.

Il partit donc, et le samedi soir il arriva à la place de la Douane par la malle-poste.

L'appartement, comme nous l'avons dit, était retenu d'avance, il n'y avait donc plus qu'à rejoindre l'hôtel de maître Pastrini : ce qui n'était pas chose très-facile ; car la foule encombrait les rues, et Rome était déjà en proie à cette rumeur sourde et fébrile qui précède les grands événements. Or, à Rome, il y a déjà quatre grands événements par an : le carnaval, la semaine-sainte, la Fête-Dieu et la Saint-Pierre.

Tout le reste de l'année, la ville retombe dans sa morne apathie, état intermédiaire entre la vie et la mort, qui la rend semblable à une espèce de station entre ce monde et l'autre; station sublime, halte pleine de poésie et de caractère que Franz avait déjà faite cinq ou six fois et qu'à chaque fois il avait trouvée plus merveilleuse et plus fantastique encore.

Enfin, il traversa cette foule toujours plus grossissante et plus agitée et atteignit l'hôtel. Sur sa première demande, il lui fut répondu, avec cette impertinence particulière aux cochers de fiacre retenus et aux aubergistes au complet, qu'il n'y avait plus de place pour lui à l'hôtel de Londres. Alors il envoya sa carte à maître Pastrini, il se fit réclamer d'Albert de Morcerf. Le moyen réussit et maître Pastrini accourut lui-même, s'excusant d'avoir fait attendre Son Excellence, grondant ses garçons, prenant le bougeoir de la main du cicérone qui s'était déjà emparé du voyageur, et se préparant à le mener près d'Albert, quand celui-ci vint à sa rencontre.

L'appartement retenu se composait de deux petites chambres et d'un cabinet.

Les deux chambres donnaient sur la rue, circonstances que maître Pastrini fit valoir comme y ajoutant un mérite inappréciable. Le reste de l'étage était loué à un personnage fort riche, que l'on croyait Sicilien ou Maltais; mais l'hôtelier ne put pas dire au juste à laquelle de ces deux nations appartenait ce voyageur.

— C'est fort bien, maître Pastrini, dit Franz, mais il nous faudrait tout de suite un souper quelconque pour ce soir, et une calèche pour demain et les jours suivants.

— Quant au souper, répondit l'aubergiste, vous allez être servis à l'instant même; mais quant à la calèche....

— Comment, quant à la calèche! s'écria

Albert. Un instant, un instant! ne plaisantons pas, maître Pastrini! Il nous faut une calèche.

— Monsieur, dit l'aubergiste, on fera tout ce qu'on pourra pour en avoir une. Voilà tout ce que je puis vous dire.

— Et quand aurons-nous la réponse? demanda Franz.

— Demain matin, répondit l'aubergiste.

— Que diable, dit Albert, on la payera plus cher, voilà tout : on sait ce que c'est; chez Drake et Aaron vingt-cinq francs pour les jours ordinaires et trente ou trente-cinq francs pour les dimanches et fêtes, mettez cinq francs par jour de courtage, cela fera quarante, et n'en parlons plus.

— J'ai bien peur que ces messieurs, même en offrant le double, ne puissent pas s'en procurer.

— Alors, qu'on fasse mettre des chevaux à la mienne; elle est un peu écornée par le voyage, mais n'importe.

— On ne trouvera pas de chevaux.

Albert regarda Franz en homme auquel on fait une réponse qui lui paraît incompréhensible.

— Comprenez-vous cela, Franz! pas de chevaux, dit-il; mais des chevaux de poste, ne pourrait-on pas en avoir?

— Ils sont tous loués depuis quinze jours, et il ne reste maintenant que ceux absolument nécessaires au service.

— Que dites-vous de cela? demanda Franz.

— Je dis que, lorsqu'une chose passe mon intelligence, j'ai l'habitude de ne pas m'appesantir sur cette chose, et de passer à une autre. Le souper est-il prêt, maître Pastrini?

— Oui, Excellence.

— Eh bien, soupons d'abord.

— Mais la calèche et les chevaux? dit Franz.

— Soyez tranquille, cher ami, ils viendront tout seuls, il ne s'agira que d'y mettre le prix.

Et Morcerf, avec cette admirable philosophie qui ne croit rien impossible tant qu'elle sent sa bourse ronde ou son portefeuille garni, soupa, se coucha, s'endormit sur les deux oreilles et rêva qu'il courait le carnaval dans une calèche à six chevaux.

CHAPITRE VII.

BANDITS ROMAINS.

Le lendemain Franz se réveilla le premier, et, aussitôt réveillé, sonna.

Le tintement de la clochette vibrait encore, lorsque maître Pastrini entra en personne.

— Eh bien, dit l'hôte triomphant et

sans même attendre que Franz l'interrogeât, je m'en doutais bien hier, Excellence, quand je ne voulais rien vous promettre, vous vous y êtes pris trop tard, et il n'y a plus une seule calèche à louer à Rome: pour les trois derniers jours s'entend.

— Oui, reprit Franz, c'est-à-dire pour ceux où elle est absolument nécessaire.

— Qu'y a-t-il? demanda Albert en entrant: pas de calèche?

— Justement, mon cher ami, répondit Franz, et vous avez deviné du premier coup.

— Eh bien, voilà une jolie ville que votre ville éternelle!

— C'est-à-dire, Excellence, reprit maître

Pastrini, qui désirait maintenir la capitale du monde chrétien dans une certaine dignité à l'égard de ses voyageurs, c'est-à-dire qu'il n'y a plus de calèche à partir de dimanche matin jusqu'à mardi soir, mais d'ici-là vous en trouverez cinquante si vous voulez.

— Ah! c'est déjà quelque chose, dit Albert; nous sommes aujourd'hui jeudi, qui sait, d'ici à dimanche, ce qui peut arriver?

— Il arrivera dix ou douze mille voyageurs, répondit Franz, lesquels rendront la difficulté plus grande encore.

— Mon ami, dit Morcerf, jouissons du présent et n'assombrissons pas l'avenir.

—Au moins, demanda Franz, nous pourrons avoir une fenêtre?

—Sur quoi?

—Sur la rue du Cours, parbleu!

—Ah bien oui! une fenêtre! s'exclama maître Pastrini; impossible, de toute impossibilité! il en restait une au cinquième étage du palais Doria, et elle a été louée à un prince russe pour vingt sequins par jour.

—Les deux jeunes gens se regardèrent d'un air stupéfait.

—Eh bien, mon cher, dit Frantz à Albert, savez-vous ce qu'il y a de mieux à faire? c'est de nous en aller passer le carnaval à Venise; au moins là, si nous ne trouvons pas de voiture, nous trouverons des gondoles.

— Oh! ma foi non, s'écria Albert, j'ai décidé que je verrais le carnaval à Rome, et je l'y verrai, fût-ce sur des échasses.

— Tiens, s'écria Franz, c'est une idée triomphante, surtout pour éteindre les moccoletti ; nous nous déguiserons en polichinelles-vampires ou en habitants des Landes, et nous aurons un succès fou.

— Leurs Excellences désirent-elles toujours une voiture jusqu'à dimanche?

— Parbleu! dit Albert, est-ce que vous croyez que nous allons courir les rues de Rome à pied comme des clercs d'huissier!

— Je vais m'empresser d'exécuter les ordres de Leurs Excellences, dit maître Pastrini, seulement je les préviens que la voiture leur coûtera six piastres par jour.

— Et moi, mon cher monsieur Pastrini, dit Franz, moi qui ne suis pas notre voisin le millionnaire, je vous préviens à mon tour qu'attendu que c'est la quatrième fois que je viens à Rome je sais le prix des calèches, jours ordinaires, dimanches et fêtes; nous vous donnerons douze piastres pour aujourd'hui, demain et après-demain, et vous aurez encore un fort joli bénéfice.

— Cependant, Excellence! dit maître Pastrini essayant de se rebeller.

— Allez, mon cher hôte, allez, dit Franz, ou je vais moi-même faire mon prix avec votre *affettatore*, qui est le mien aussi ; c'est un vieil ami à moi, qui ne m'a déjà pas mal volé d'argent dans sa vie, et qui, dans l'espérance de m'en voler encore, en passera par un prix moindre que celui que je vous offre : vous perdrez donc la différence, et ce sera votre faute.

— Ne prenez pas cette peine, Excellence, dit maître Pastrini avec ce sourire du spéculateur italien qui s'avoue vaincu, je ferai de mon mieux et j'espère que vous serez content.

— A merveille, voilà ce qui s'appelle parler.

— Quand voulez-vous la voiture ?

— Dans une heure.

— Dans une heure elle sera à la porte.

Une heure après, effectivement, la voiture attendait les deux jeunes gens : c'était un modeste fiacre, que, vu la solennité de la circonstance, on avait élevé au rang de calèche; mais, quelque médiocre apparence qu'il eût, les deux jeunes gens se fussent trouvés bien heureux d'avoir un pareil véhicule pour les trois derniers jours.

— Excellence, cria le cicérone en voyant Franz mettre le nez à la fenêtre, faut-il faire approcher le carrosse du palais?

Si habitué que fût Franz à l'emphase italienne, son premier mouvement fut de regarder autour de lui; mais c'était bien à lui-même que ces paroles s'adressaient.

Franz était l'Excellence, le carrosse c'était le fiacre, le palais c'était l'hôtel de Londres.

Tout le génie laudatif de la nation était dans cette seule phrase.

Franz et Albert descendirent. Le carrosse s'approcha du palais. Leurs Excellences allongèrent leurs jambes sur les banquettes, le cicérone sauta sur le siége de derrière.

— Où Leurs Excellences veulent-elles qu'on les conduise?

— Mais, à Saint-Pierre d'abord, et au

Colisée ensuite, dit Albert en véritable Parisien.

Mais Albert ne savait pas une chose; c'est qu'il faut un jour pour voir Saint-Pierre, et un mois pour l'étudier : la journée se passa donc rien qu'à voir Saint-Pierre.

Tout à coup les deux amis s'aperçurent que le jour baissait.

Franz tira sa montre, il était quatre heures et demie.

On reprit aussitôt le chemin de l'hôtel. A la porte Franz donna l'ordre au cocher de se tenir prêt à huit heures. Il voulait faire voir à Albert le Colisée au clair de la lune, comme il lui avait fait voir Saint-Pierre au grand jour. Lorsqu'on fait voir à un ami une ville qu'on a déjà vue, on y met la même coquetterie qu'à montrer une femme dont on a été l'amant.

En conséquence, Franz traça au cocher son itinéraire ; il devait sortir par la porte del Popolo, longer la muraille extérieure et rentrer par la porte San Giovanni. Ainsi le Colisée leur apparaissait sans préparation aucune, et sans que le Capitole, le Forum, l'arc de Septime-Sévère, le temple d'Antonin et Faustine et la Via Sacra eussent servi de degrés placés sur sa route pour le rapetisser.

On se mit à table : maître Pastrini avait promis à ses hôtes un festin excellent; il leur donna un dîner passable, il n'y avait rien à dire.

A la fin du dîner, il entra lui-même; Franz crut d'abord que c'était pour recevoir ses compliments et s'apprêtait à les lui faire, lorsqu'aux premiers mots il l'interrompit :

— Excellence, dit-il, je suis flatté de votre approbation; mais ce n'était point pour cela que j'étais monté chez vous...

— Était-ce pour nous dire que vous nous aviez trouvé une voiture? demanda Albert en allumant son cigare.

— Encore moins, et même, Excellence, vous ferez bien de n'y plus penser et d'en prendre votre parti. A Rome, les choses se peuvent ou ne se peuvent pas. Quand on vous a dit qu'elles ne se pouvaient pas, c'est fini.

— A Paris, c'est bien plus commode : quand cela ne se peut pas, on paye le double et l'on a à l'instant même ce que l'on demande.

— J'entends dire cela à tous les Français, dit maître Pastrini un peu piqué, ce qui fait que je ne comprends pas comment ils voyagent.

— Mais aussi, dit Albert en poussant flegmatiquement sa fumée au plafond et en se renversant balancé sur les deux pieds de derrière de son fauteuil, ce sont les fous et les niais comme nous qui voyagent, les gens sensés ne quittent pas leur hôtel de la rue du Helder, le boulevard de Gand et le café de Paris.

Il va sans dire qu'Albert demeurait

dans la rue susdite, faisait tous les jours sa promenade fashionable, et dînait quotidiennement dans le seul café où l'on dîne, quand toutefois on est en bons termes avec les garçons.

Maître Pastrini resta un instant silencieux; il est évident qu'il méditait la réponse que lui avait faite Albert, réponse qui sans doute ne lui paraissait pas parfaitement claire.

— Mais enfin, dit Franz à son tour interrompant les réflexions géographiques de son hôte, vous étiez venu dans un but quelconque, voulez-vous nous exposer l'objet de votre visite?

— Ah! c'est juste; le voici : vous avez commandé la calèche pour huit heures?

— Parfaitement.

— Vous avez l'intention de visiter il Colosseo.

— C'est-à-dire le Colisée?

— C'est exactement la même chose.

— Soit. Vous avez dit à votre cocher de sortir par la porte del Popolo, de faire le tour des murs et de rentrer par la porte San Giovanni?

— Ce sont mes propres paroles.

— Eh bien, cet itinéraire est impossible.

— Impossible!

— Ou du moins fort dangereux.

— Dangereux! et pourquoi?

— A cause du fameux Luigi Vampa.

— D'abord, mon cher hôte, qu'est-ce que le fameux Luigi Vampa? demanda Albert; il peut-être très-fameux à Rome, mais je vous préviens qu'il est fort ignoré à Paris.

— Comment! vous ne le connaissez pas?

— Je n'ai pas cet honneur.

— Vous n'avez jamais entendu prononcer son nom?

— Jamais.

— Eh bien! c'est un bandit près duquel les Decesaris et les Gasparone sont des espèces d'enfants de chœur.

— Attention, Albert, s'écria Franz, voilà donc enfin un bandit!

— Je vous préviens, mon cher hôte, que je ne croirai pas à un mot de ce que vous allez nous dire. Ce point arrêté entre nous, parlez tant que vous voudrez, je vous écoute. « Il y avait une fois..... »

— Eh bien, allez donc !

Maître Pastrini se retourna du côté de Franz, qui lui paraissait le plus raisonnable des deux jeunes gens. Il faut rendre justice au brave homme : il avait logé bien des Français dans sa vie, mais jamais il n'avait compris certain côté de leur esprit.

— Excellence, dit-il fort gravement, s'adressant, comme nous l'avons dit, à Franz, si vous me regardez comme un menteur, il est inutile que je vous dise ce que je voulais vous dire; je puis cependant vous affirmer que c'était dans l'intérêt de Vos Excellences.

— Albert ne vous dit pas que vous êtes un menteur, mon cher monsieur Pastrini, reprit Franz, il vous dit qu'il ne vous croira pas, voilà tout. Mais moi je vous croirai; soyez tranquille, parlez donc.

— Cependant, Excellence, vous comprenez bien que si l'on met en doute ma véracité....

— Mon cher, reprit Franz, vous êtes plus susceptible que Cassandre, qui cependant était prophétesse, et que personne n'écoutait; tandis que vous, au moins, vous êtes sûr de la moitié de votre auditoire. Voyons, asseyez-vous, et dites-nous ce que c'est que M. Vampa.

— Je vous l'ai dit, Excellence, c'est un bandit, comme nous n'en avons pas encore vu depuis le fameux Mastrilla.

— Eh bien! quel rapport a ce bandit avec l'ordre que j'ai donné à mon cocher de sortir par la porte del Popolo et de rentrer par la porte San Giovanni?

— Il y a, répondit maître Pastrini, que vous pourrez bien sortir par l'une, mais que je doute que vous rentriez par l'autre.

— Pourquoi cela? demanda Franz.

— Parce que la nuit venue on n'est

plus en sûreté à cinquante pas des portes.

— D'honneur? s'écria Albert.

— Monsieur le comte, dit maître Pastrini toujours blessé jusqu'au fond du cœur du doute émis par Albert sur sa véracité, ce que je dis n'est pas pour vous, c'est pour votre compagnon de voyage, qui connaît Rome, lui, et qui sait qu'on ne badine pas avec ces choses-là.

— Mon cher, dit Albert s'adressant à Franz, voici une aventure admirable toute trouvée : nous bourrons notre calèche de pistolets, de tromblons et de fusils à deux coups. Luigi Vampa vient pour nous arrêter, nous l'arrêtons. Nous le ramenons à Rome; nous en faisons hommage à Sa Sainteté, qui nous demande ce qu'elle peut faire pour reconnaître un si grand service. Alors nous réclamons purement et simplement un carrosse et deux chevaux de ses écuries, et nous voyons le carnaval en voiture; sans compter que probablement le peuple romain reconnaissant nous couronne au Capitole et nous proclame, comme Curtius et Horatius Coclès, les sauveurs de la patrie.

Pendant qu'Albert déduisait cette proposition, maître Pastrini faisait une figure qu'on essaierait vainement de décrire.

— Et d'abord, demanda Franz à Albert, où prendrez-vous ces pistolets, ces tromblons, ces fusils à deux coups dont vous voulez farcir notre voiture?

— Le fait est que ce ne sera pas dans

mon arsenal, dit-il; car à la Terracine on m'a pris jusqu'à mon couteau-poignard; et à vous?

— A moi, on m'en a fait autant à Aquapendente.

— Ah çà! mon cher hôte, dit Albert en allumant son second cigare au reste de son premier, savez-vous que c'est très-commode pour les voleurs, cette mesure-là, et qu'elle m'a tout l'air d'avoir été prise de compte à demi avec eux?

Sans doute maître Pastrini trouva la plaisanterie compromettante, car il n'y répondit qu'à moitié; et encore en adressant la parole à Franz, comme au seul être raisonnable avec lequel il pût convenablement s'entendre.

— Son Excellence sait que ce n'est pas l'habitude de se défendre quand on est attaqué par des bandits.

— Comment! s'écria Albert, dont le courage se révoltait à l'idée de se laisser dévaliser sans rien dire; comment! ce n'est pas l'habitude?

— Non, car toute défense serait inutile. Que voulez-vous faire contre une douzaine de bandits, qui sortent d'un fossé, d'une masure ou d'un aqueduc, et qui vous couchent en joue tous à la fois?

— Eh! sacrebleu! je veux me faire tuer! s'écria Albert.

FIN DU QUATRIÈME VOLUME.

TABLE DES CHAPITRES.

Chap. 1er. Le récit. 1
    II. Les registres des prisons. 53
    III. La maison Morrel 77
    IV. Le cinq septembre 129
    V. Italie. — Simbad le Marin. . . . 187
    VI. Réveil 279
    VII. Bandits romains. 303

A LA MÊME LIBRAIRIE.

Ouvrages récemment parus.

Un Beau-Père, par Charles de Bernard. . . . . . 3 v.

Fernande, par Alexandre Dumas. 3

Le Vétéran du camp de la Lune, par Marco-de-Saint-Hilaire. . . 3

Feu Bressier et Histoire invraisemblable, par Alphonse Karr. . . 3

Géraldine, par madame Reybaud. 2

Si Jeunesse savait, si Vieillesse pouvait, par Frédéric Soulié. . . 6

www.ingramcontent.com/pod-product-compliance
Lightning Source LLC
Chambersburg PA
CBHW060510170426
43199CB00011B/1393